The Tao of Thoth

Ethan Indigo Smith

O Quarto Inititado

O Tao de Thoth

Capítulos

Introdução

Thoth Energy

Tao e Taiji

Mentalismo

Correspondência

Vibração

Polaridade

Rythm

Causa e Efeito

Gênero

Tenet Oito

Introdução

O mundo está cada vez mais complicado. O aumento da complexidade deve-se, em parte, a mais pessoas a terem menos consciência de princípios simples e práticas simples.. Princípios e práticas simples são muitas vezes negligenciados em meio à complexidade do mundo. Yet é exatamente simplicity que tende a ser facilmente útil e quase infinitamente aplicável em situações de complexidadeity. A complexidade normalmente tem aplicabilidade limitada, enquanto a simplicidade normalmente tem aplicabilidade ilimitada.

Os princípios e práticas complex são tão difíceis de se manter como nuvens e tendem a resultar em ed situações em nuvem em vez de clareza. Princípios e práticas simples fornecem uma grande base para se desenvolver, quase infinitamente.. A complexidade é frequentemente perseguida porque, no projeto do status quo,, práticas e princípios complexos oferecem um meio rápido de acabar coms, uma maneira de ganhar dinheiro..

Os resultados de perseguições complexas são problemas complexos. Perseguições simples não resultam em problemas complexos. A simplicidade não floresce da complexidade, apenas de mais complexidade. A simplicidade floresce da simplicidade, assim como a capacidade potencial de resolver problemas complexos. complex

O e status quo insustentável da humanidade é ilustrado na the alegoria do icalúnia que sai de casa. Tele proverbial 'go-getter' islander leaves home em busca de ganhar dinheiro suficiente para obter uma ilha de casa, apenas quando ele finalmente retorna a ilha mudou devido à to complexidadeity agregada. A ilha dele não é mais a mesma. Simplicidade é permanecer na ilha ou ir para uma ilha para encontrar trabalho e uma casa lá..

Toda a simplicidade muito fé negligenciada porque as atividades mais rentáveis em um mundo insustentável são cumpridas. are compl Simplicidade não é necessariamente o meio mais gratificante para fins. Simplicidade é muitas vezes uma qualidade, enquanto a complexidade rende principalmente quantities. Essadistinção torna a complexidade uma busca preferível para ganhar dinheiro com certeza,, mas também como uma modalidade inteira para si mesma é realmente mais fácil manter-se ocupado com quantificar as coisas em vez de qualificar-nos e ao redor, em vez de realizar um trabalho as a whole modality unto itself interno..

Às vezes, a complexidade é preferida porque a complexidade profitsé preferida porque é uma distração, uma maneira de manter nossa atenção na obtenção de coisas em vez de prestar atenção às nossas próprias coisas, em vez de cumprir o difícil dever de realizar o grande trabalho; o trabalho interno.. E diretamente devido a essa falta de desenvolvimento, muitos sistemas sensíveis,ideias, verdade e justiça, e até mesmo a capacidade de obter água limpa em continentes inteiros, estão todos sendo deixados para trás por meios lucrativos complexos com resultados complexos e terríveis. .

Truth e justiça foram removidos e deslocados a fim de manter a rentabilidade de várias complexidades globalmente. Às vezes aprendemos sobre essas transgressões de verdade e justiça, às vezes podemos assumir, não aprendemos sobre oir enceocorrer, mesmo quando estamos vivendo a consequênciair . As oligarquias energéticas e as instituições relacionadas estão entre as mais obviamente culpadas de mentiras grosseiras sobre ações destrutivas com infinitas consequências complexas.

A verdade e a equidade são geralmente overlooked em relação ao ganho de meios para fins. As pessoas vão corajosamente exclamar que estão conduzindo seus negócios para profit. Hardly qualquer proclamar sua busca pela verdade e justiça. Nós,coletivamente, presumimos que a maioria das outras funções institucionais são formadas a fim de que o lucro, a verdade e a equidade sejam condenados. E é aparente, água limpa sejacondenada. Nad verdade,, permitimos que algumas das mais absurdas buscas gananciosas se infiltrassem em nossas instituições de manutenção, cura e desenvolvimento social de toda ahumanidade..

A maioria prefer complexidade e artificialidade devido à formação burocrática, pois a perspectiva é adequada para o desenvolvimento das instituições. Acabamos institucionalizados, em uma forma de modo de sobrevivência ou de outra,onde o questionamento além do status quo está fora do nosso escopo e buscar a individuação,, o auto-desenvolvimento,development, dificilmente é considerado.. A maioria prefere não pensar muito e não pensar muito diferente damaioria. O impulso de não pensar muito e não pensar muito diferente é institucionalmente empurrado de Pequim para Londres. O pensamento alternativo e crítico tem sido continuamente sutilmente punido,e é cada vez mais castigado.. Estamos institucionalizados ao ponto de aceitarmos sistemas de prejuízo individual para o progresso do desenvolvimento institucional. Esta é uma evidência de manipulação e tal pensamento e ser deve ser removido para o seu desenvolvimento e o coletivo.

"Esvazie seu copo para que ele possa ser preenchido; tornar-se desprovido de ganhar totalidade." ~ Bruce Lee

Apergunta e não a razão vão contra nossa true natureza. Perguntar 'por que' repetidamente e quase obsessivamente é talvez distinto na natureza humana. É nosso primeiro impulso quando somos capazes de comunicação. Seguir complexidade e artificialidade sem dúvida requer estímulo e imersão de treinamento ao ponto de não notarmos o que está ao nosso redor.. A institucionalização, em vez de individuação, prejudica e degrada a psique ao ponto de não observarmos a si mesmo nem ao entorno.

Neste mundo cada vez mais complexo somos treinados para não considerar, não raciocinar,, e não buscar a verdade a ponto de o conhecimento e a sabedoria encontrados nos ensinamentos relacionados ao Tao e aos princípios de Thoth serem negados e and ridicularizados como antiquados.. We são ainda mais repetidamente orientados a pensar não como indivíduos, mas como instituiçõess, e realizar todos os tipos de trabalhos que constroem as instituições, e não nossa própria individuação..

, Há muitas maneiras de a humanidade ser direcionada para ser desumana,, mas grande parte de tudo isso pode be entendido como remoçãoou distorção da simplicidade. Se nos posicionarmos sobre princípios simples, não somos tão facilmente expulsos da base.. Quando conhecemos alguns simples practices não somos tão facilmente enganados com cenouras proverbial em cordas. Se estamos imersos em complexidade sem principiação e práticas de princípios para o desenvolvimento da estabilidade, facilmente derrubamos aos ventos de influências institucionais e artificiais. influences.

O resultado mais flagrante de um mundo complexo sem a maioria dos indivíduos fundamentados é, obviamente, a saturação da poluição planetária. A artificialidade que destrói o planeta e transforma ecossistemas em zonas sem vida deve-se à humanidade que celebra a complexidade. A humanidade decidiu coletivamente que a complexidade de ser desperdiçado ao custo do nosso meio ambiente é preferível à simplicidade da existência garantida e sustentada. A humanidade alterou o planeta ao ponto de sermos responsáveis pelas extinções de espécies por causa de nossa ganância ilógica, irracional e insustentável. greed.

Nós coletivamente destruímos e permitimos a destruição da simplicidade ao mesmo tempo em que permitimos a complexidade. Nós coletivamente ofuscamos a verdade e a autenticidade para a artificialidade com resultados terríveis. Os princípios e práticas do S imple resultam na tendência de serem menos manipuladores. Complexidade e os terríveis resultados da artificialidade são menos considerados, muito menos escolhidos. A simplicidade proporciona a capacidade de sacudir a artificialidade em parte porque provoca curiosidade em vez de abater..

Um dos conceitos mais simples que levam às mais profundas ideias e observações é o Taiji. O Taiji é o que é tipicamente conhecido em The West como o símbolo Yin Yang. O Taiji é o símbolo do Tao. O Taiji é composto de quatro partes. Há aspectos maior e menor, Yin e Yang. Há um conjunto de quatro, ou uma dualidade de polaridade exibida que pode ser altamente eficaz em levantar considerações sobre contrastes e transformar observações em pensamento paradigma potencial, energia e invenção..

As inúmeras ideias que desovam e se relacionam com essas quatro partes começam com os simples contrastes de Major e Minor, Yin e Yang. As partes principais são os redemoinhos e as partes Menores são os círculos dentro do redemoinhoss . Procure utilizar os contrastes apresentados neste formato relativos a qualquer número de enigmas ou situações desconcertantes que exijam contemplação profunda e nova perspectiva. You pode encontrar uma solução para problemass ou nova direção para um padrão mais equilibrado através da utilização dos contrastes de várias maneiras.

Taqui é geralmente um negativo positivo e óbvio óbvio, e muitas vezes umn despercebido sutil positivo e sutil negativo também que pode oferecer resultados preferenciais em inúmeras situações. Você pode considerar o ativo e o passivo e também o passivo no ativo e ativo no passivo também.

O Tao de Thoth apresenta princípios e práticas baseadas na profunda simplicidade e ampla aplicabilidade para mudar padrões negativos e elevar conscientesatravés dacompreensão da Energia de Tao e Thoth.. A maioria dos sistemas de artificialidadebaseia-se na complexidade e na aplicabilidade limitaday, restringindo a consideração da aplicabilidade e compreensão da relacionabilidade.. Os princípios simples aqui apresentados são aplicáveis ao refinamento do indivíduo e à aperfeiçoamento do coletivo em termos gerais.. The Tao de Thoth une Leste e Oeste através da Thoth Energy e oferece lições em camadas para produzir toda uma nova formação para sua individuação e inspiração.

O Tao de Thoth é baseado no Taiji de The Seven Tenets of Thoth como ilustrado em *The Kybalion* escrito por Os Três Iniciados. O Tao de Thoth é inspirado nas relações de O Tao e Os Princípios de Thoth. O Tao fornece lições paralelas com os princípios de Thoth, e cada um visa o aprimoramento e personificação das lições relativas ao auto-desenvolvimento.

O símbolo de Taiji e a prática de Taiji representam os principles e practices encarnados no que é comumente referido como o símbolo de Yin Yang e Tai p Chi. Os princípios de Thoth estão entre as abordagens implest filosóficas mais vividamente potentes para entender o mundo e o eu. E The Taiji retrata as abordagens práticas mais simples e potentes para entender o mundo e desenvolver-se.

Tanto o Tao quanto os Princípios de Thoth não têm ardena e em tal promoção promovem a expansão. As ideias de O Tao e os Sete Princípios de Thoth são simples e essencialmente indiscutíveis em sua falta de ardena. E sem ardency as ideias ca ser aplicáveis a inúmeras situações, sujeitos e objetos, . Os Tao e Tenets de Thoth são totalmente simples e ainda near ilimitados em sua aplicabilidade e profundidade..

Com o Tao de Thoth, a vivacidade desses diversos fluxos de conhecimento, do taoísmo e hermético, estão unidos como formação formation de princípios e práticas em direção à individuação, baseada na observação da natureza. O Tao de Thoth dá vida à filosofia hermética, e fornece o aprimoramento de cada um dos princípios e exemplificação para cada um com o enriquecimento da teoria e prática de Taiji. .

"A posse de conhecimento, a menos que acompanhada de manifestação e expressão em ação, é como a horda de metais preciosos, uma coisa vã e tola. Conhecimento como a riqueza é destinado a ser usado, a lei de uso é universal e aquele que a viola sofre em razão de seu conflito com forças naturais. " ~*O Kybalion*

Espero que o Tao de Thoth inspire a busca e permita a personificação da sabedoria através de práticas e princípios simples e naturais. Quando estamos equilibrados, podemos simplificar o complexo. Paz para todos os indivíduos.

~ Eu me inspirei a escrever the seguir depois de praticar Taiji Chuan, ou simplesmente Taiji, por muitos anos, e o n ouvir a palestra de Mark Passio sobre Direito Natural. Uma vez que ouvi hé apresentação sobre Direito Natural (usando Os Princípios de Thoth) e sua inclusão do Oitavo Princípio a relação unificada dos ensinamentos filosóficos do Oriente e do Ocidente tornou-se obviamente paralela. Como pesquisei a energia Thoth tornou-se evidente que Os Tao e os Princípios de Thoth são possivelmente do mesmo fluxo, e podem muito bem executar seu curso a partir da mesma fonte, e pelo menos certamente funil para o mesmo oceano;; desenvolvimento da consciência individual. consciousness development.

"O Tao gerou um.

Um gerou dois.

Dois gerados três.

E três gerou as dez mil coisas.

As dez mil coisas carregam Ye abraçam Yang.

Eles alcançam harmonia combinando essas forças. "

~Lao Tzu *Tao Te Ching*

Thoth Energy

"Autor de every work on every branch of knowledge, both human e divine."
~Referência egípcia de Thoth

O nome egípcio de Thoth is Djehuty significa "he who is like the ibis." O íbis era um pássaro sagrado no Antigo Egito associado à sabedoria. O íbis é ativo durante o dia e a noite e Thoth é do mundo dos vivos e do mundo dos mortos. O bico curvo do Íbis é uma reminiscência de uma Lua crescente e Thoth é um deus lunar frequentemente retratado com um disco lunar acima de sua cabeça. Thoth era conhecido como Lord de Khemenu, da qual havia uma cidade com o mesmo nome sendo o centro de sua adoração. Os gregos mais tarde se referiram à cidade como Hermópolis e adotaram a Thoth Energy em Hermes.. Mais tarde, o arquétipo romano da energia Thoth foi chamado de Mercúrio.

Thoth é oi bis-headed Egípcio Deus da escrita, equilíbrio, cura, matemática, geometria, e todo o pensamento superior relativo ao conhecimento e sabedoria.. Naverdade, é provável que não seja coincidência que a palavra pensamento soe como Thoth para Thoth lendáriomente fornece conhecimento e sabedoria potentes, pensamentos, assim como o Tao é dito inspirar. Em tempos mais antigos, Thoth encarnou a energia de um babuíno antes de assumir a energia do íbis egípcio preto e branco.

Thoth é frequentemente retratado como um céu-corazul porque ele é conhecido como o mensageiro dos deuses e também verde symbolic por sua criatividade. Thoth é o libertador de pensamentos mais elevados e também é parte da razão para a ideia de que cegonhass fazem partos recém-nascidos. Cegonhas, íbises e guindastes são muito semelhantes e muitas vezes foram misturados. Em uma das mais elaboradas histórias egípcias, Isis não conseguia encontrar os genitais de seus Osíris caídos que foram mortos e desmembrados por Set. Thoth ajuda Ísis a reencarnar Osíris e sua impregnação..

Thoth também é conhecido por ajudar sua esposa Ma'at a pesar a vida de um indivíduo após sua morte. Esses dois opostos arquetípicos onde Thoth entrega a vida do reino espiritual para este mundo e entrega a vida deste mundo de volta ao reino espiritual é exatamente paralelo com os contrastes de Tao e Taiji. Taiji às vezes é chamado de dança da morte, e é uma forma de bem-estar e paz,, mas também o contraste, uma forma de machucar alguém antes que eles machuquem você ou outros. Taiji é médico, marcialemetafísico capaz de entregaring bem-estar e o contraste de com grande compreensão,, paralelo com Thoth.

O deus grego Hermes está diretamente relacionado com Thoth.. Hermes também carrega uma vara de medição semelhante como Thoth foi às vezes retratado com. O pessoal de Hermes tem duas cobras em espiral entrelaçando-a comumente chamada de Caduceus. Hermes também incorpora a energia de voo ocasionalmente representada com asas em seus sapatos e/ou sua coroa, combinando simbolismo de cobra e pássaro, comoThoth. Os gregos em algum momento começaram a adicionar o título de Trismegistus, três vezes grande, a Hermes e Thoth para honrar sua grandeza.

Én the pas evidente que alguns indivíduos, após grandes realizações, sreceberam o título de Hermes na Grécia, e talvez o título de Thoth, ou similar, foi concedido a certos egípcios no passado distante também. A ideia é que um indivíduo possa abordar a divindade, sendo um intermediário dos deuses, praticando a divindade. Todos nós somos capazes de descer e devolver por vários graus.. Os princípios e práticas apresentados tanto pelo Tao quanto por Thoth encarnam e emitem essa ideia; que podemos incorporar a divindade ou o oposto dela, para que possamos desenvolver ou degradar..

Thoth é frequentemente retratado carregando sua equipe (polo) e mais especificamente sua vara de medição, escrevendo utensílios, bem como O Ankh. O Ankh compartilha inúmeras ideias filosóficas representadas no Grand Ultimate Polarity of The Taiji. Ambos representam o centro universal, a criação e a unidade das energias feminina e masculina. .

Thoth é casado com Ma'at, a Deusa que também representa uma filosofia n elaborada do equilíbrio divino, e direito divino e moralidade, bem como ajuda a entender a vida após a morte.. O Tao também é sobre equilíbrio e equilíbrio divino. Thoth tem uma segunda contraparte feminina também, Seshat, A Deusa da sabedoria e da escrita.

Saraswati, com seu veículo pavão, é a relação mais completa enérgica com to Thoth entre as Divindades Hindus. Diz-se que Saraswati faz parte de uma trindade de deusas, incluindo Parvati e Lakshmi. Outros deuses hindus compartilham vários atributos de energia Thoth também. Ganesh, o deus cabeça de elefante, é semelhante a ser o deus hindu da escrita. Entre as tradições taoístas estão Os Sete Deuses sortudos, um entre eles, Jurōjin, carrega uma equipe e o pergaminho da vida, e és semelhante à energia Thoth. .

Há também os Oito Imortais da mitologia chinesa. Os Oito Imortais forneceram inspiração para os Oito Brocados, uma das práticas anteriormente formuladas de Chi Gung com oito movimentos. Chi Gung, e Os Oito Brocados influenciaram inúmeras outras formas e ideias de artes marciais. Há uma expressão de Taiji que explica cada vez que você pratica você adiciona uma camada fina, como seda, e eventualmente as camadas se somam ao potencial de alta resistência.

A energia thoth representa a personificação do rei mais fino, assim como os outros, deuses, arquétipos, energias mencionadas. . Hermes, como Thoth, era considerado o mensageiro dos deuses, uma energia física e espiritual, mundana e universal.. A energia thoth representa o potencial físico, mental, espiritual no mundo natural. Thoth representa a divindade não fora da criação,, mas na criação. Taiji representa e inspira o mesmo desenvolvimento da fisicalidade e espiritualidade no mundo natural..

Fuxi é a principal figura taoist com os paralelos mais inarguable à energia Thoth . Fuxi é creditado por trazer maior pensamento e cultura para a humanidade e às vezes é creditado com a criação da humanidade inteiramente. Fuxi é representado com seu contador feminino Nuwa. Fuxi e Nuwa têm corpos de cobras entrelaçados exatamente à moda do Caduceus de Hermes. As cobras enroladas entrelaçadas ao redor do polo único lembram os aspectos entrelaçados em The Grand Ultimate Polarity of The Yin e Yang. As cobras enrolantes são um lembrete dos redemoinhos que representaming energia potencial e potencial aprimoramento energético do indivíduo..

Thoth e Hermes mantêm suas equipes únicas ou varas de medição, enquanto Fuxi e sua contraparte feminina entrelaçada Nuwa, respectivamente possuem um quadrado e uma bússola inferindo sua sabedoria de medição, matemática, geometria, astronomia e arquitetura.. Fuxi e Nuwa, como Thoth, são capazes de medição e compreensão impecáveis do terreno e cósmico, do físico e energético..

As relações desses deuses, e mais especificamente a personificação da energia que osy representam,, são indicativas de nossa humanidade compartilhada, não necessariamente uma cultura arrancando as ideias de outra. É uma compreensão compartilhada da energia representada na forma de um deus, divindade ou sábio, e, finalmente, incorporada em indivíduos para inspiração para os indivíduos perseguirem a divindade.. Implica ainda mais uma provável conexão intuitiva e direta do Oriente e do Oeste. A energia thoth unifica indivíduos e ideias.

Thoth oferecendo conhecimento e sabedoria na forma de Ankh

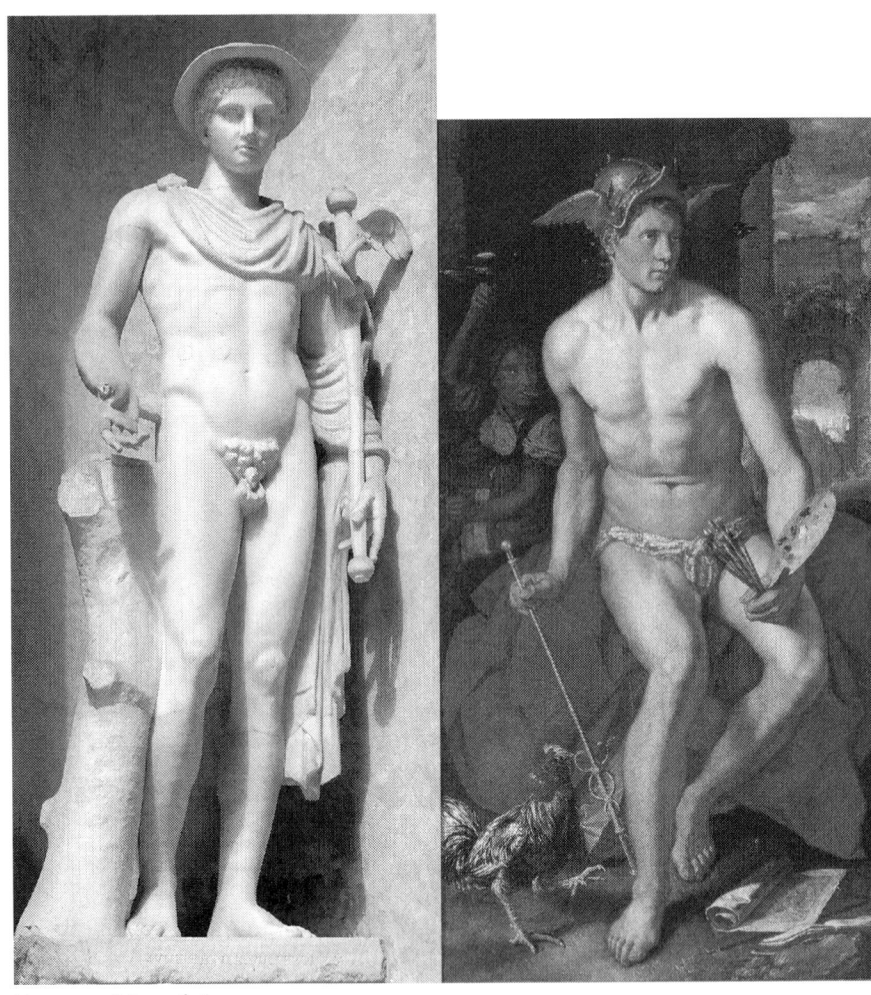

Hermes Mercúrio

19

A imagem de Fuxi e Nuwa segurando a bússola e a praça contém inúmeras lições simbólicas. A bússola e o quadrado medem as energias universais, bem como as energias terrenas. Fuxi é dado crédito como inventando a escrita,, assim como Thoth. Fuxi, como o geômetro sagrado como Thoth, recebe crédito por creatisobre o Bagua e o I-Ching. Tele oito tri-gramas do Bagua são tipicamente retratados em torno do Taiji e são combinações de Yin (quebrado) e Yang (linhas ininterruptas).. Os oito tri-gramas são combinados com outros tri-gramas para fazer hexagramas. 8 multiplicado por 8 é igual a 64, o número total de hexagramas possíveis utilizados para fins de adivinhação através do I-Ching.

Dizem que os círculos em torno das figuras de Fuxi e Nuwa representam as doze constelações.. Tele gráfico de tortas como círculo de oito partes principais de quatro abaixo dos dois relacionadoses com os oito trigramas do I-Ching em torno do center ponto do Yin Yang. O círculo tem trinta e duas partes, e o círculo acima parece também apresentar trinta e duas partes.. Ecírculo de ach mantéms trinta e duas partes, metade do total de sessenta e quatro hexagramas do I-Ching.

A redução pela metade do 64 em duas partes de trinta e dois retrata um conjunto físico e espiritual, bem como um conjunto masculino e feminino. A dinâmica é reveladora do significado do misterioso número 33 também,muitas vezes relacionado à maçonaria e informações ocultas. Na contemplação dos sessenta e quatro tri-gramas do Bagua trinta e três infere pelo menos um pouquinho de integração de ambos os mundos..

Os maçons são frequentemente retratados dando um passo à frente, principalmente com o pé esquerdo. Há uma expressão chinesa "passo para a esquerda" que significaafinar k fora da caixa, para entrar no reino espiritual para repensar ou reintegrar a energia Yin, na modalidade Taiji. Na prática taiji também tudo geralmente começa com o passo para a esquerda, a fim de honrar o Yin/feminino e simbolizar pisar no reino espiritual..

Os princípios de Thoth, os ensinamentos da Hermética, os ensinamentos do Tao, as palestras de Direito Natural de Manly P. Hall e Mark Passio, livros como O Kybalion e O Tao de Thoth são todos dedicados a inspirar e revelar individuação aumentada, possibilitando potencial únicoe conscientização individual edificante.. Todos os princípios e práticas que provêm da energia de Thoth e do Tao inspiraram e cultivaram os vários s s alquimistas, gsnostics e todos aqueles que buscaram gnose individual ou auto-desenvolvimento,não selimitando aos taoístas, budistas, Buddhist, cristãos e muçulmanos.. A comunalidade da diversidade foi tomar o caminho interno, realizar o trabalho interno,e transformar o pensamento de chumbo em pensamento dourado e ser.

Os princípios de Thoth eram há muito tempo considerados parte de ensinamentos que perseguiam a divindade,a gnose, dentro do nosso próprio ser mortal e não através do dogma religioso obsoleto. O Tao também diz respeito a tal auto-desenvolvimento através de gnosis interiores, auto-desenvolvimento vivo em vez de obedecer à tradição dogmática..

Thoth às vezes é dito ser auto-criado, que ele se proferiu em existência. Thoth também é dito ser o filho de ambos os deuses opositores Hórus e Set. Thoth é o Deus do equilíbrio, equilíbrio e sabedoria como a prole energética de Hórus,, a Ordem de Deus, e Definir, o Deus do Caos. Diz-se também que o Tao é auto-criado da palavra, e ainda assim nascido da mesma combinação das energias da ordem e do caos.

Diz-se que Thoth criou as diáries primitivas de Ogdoad. O Gdoad Osignifica oitovezes. Tele oito deuses primordiais e elementares são contrastados em quatro pares masculinos e femininos. Os deuses masculinos são Freira, Heh, Kuk e Amun e as contrapartes femininas são Nunet, Hauhet, Kuaket e Amaunet..

Dizem que oGdoad representa contrastes de tipos de energiasfour. Embora as especificidades sejam evasivas, o Ogdoad pode representar contrastes de água na fluidez do fogo na obscuridade,, criação na eternidadee do ar em segredo.. Os aspectos masculinos eram muitas vezes sapos e as fêmeas eram cobras. Juntos, o Ogdoad de Thoth representam o equilíbrio e a criação de fora das águas primordiais, assim como TheTaiji.

Um renomadoegiptólogo,E. A. Wallis Budge, refere-se à relação potencial de Ogdoad com outro conjunto primitivo de oito deuses em quatro pares da história da criação babilônica, The Enuma Elis. Ele teorizou que os Ogdoad eram relacionados com os deuses babilônicos Abzu e Tiamat, Lahmu e Lahamu, Anshar e Kishar, Anu e Nudimmud. Muitos pesquisadores concluíram que, apesar da importância do conjunto de oito deuses no Egito, a apresentação do que eles representavam não era consistente. As energias e compreensões das oito energias primitivas mudaram dos milhares de anos de sua importância.

Ogdoad de Oito Neters

Muitos estudantes greis viajaram para a África para aprender com escolas egípcias. Hermópolis significa Cyde Hermes em grego. Os gregos deram-lhe esse

22

nome porque era o centro para a adoração de Thoth, a quem eles associaram com Hermes, mas os egípcios o conheciam como Khemunu, significando a Cidade de The Eight. Khemenu foi a cidade de Ogdoad, as oito energias de equilíbrio e criação.

Os Sete Princípios de Thoth

Mentalismo

Correspondência

Vibração

Polaridade

Rythm

Causa e Efeito

Gênero

Os princípios de Thoth são conhecidos como parte de Herméticos por causa da relação de Thoth com Hermes. Thoth e Hermes ou seus arquétipos são creditados por muitas invenções e abordagens em disciplinas que vão da medicina à matemática.. Diz-se que Hermes aperfeiçoou o tubo de vidro com uma foca. A ideia continua hoje no termo 'hermeticamente selado. Os princípios de Thoth e Herméticos contêm informações amplamente conhecidas, bem como mistériosocultos,, ideias seladas da maioria. Isso se refere ao secretamento das aplicaçõesda astronomia, astrologia, geometria, razão, filosofia,ciência, meditação, artes marciais e metafísica.

O ocultação de ideias, especialmente aquelas que empoderam a individuação e a espiritualidade em oposição às ideias que oferecem institucionalização e religiosidade,vem ocorrendo desde o ocultação dosensinamentos e herméticos de Thoth por voltado primeiro século. Tal continua até hoje, talvez mais recentemente na revolução cultural de China e o oculto da história cultural chinesa, incluindo conceitos taoístas e mais tarde a destruição dos ensinamentos budistas tibetanos e bon.. Os princípios de Thoth e O Tao foram várias mente eliminados da consideração ou totalmente secretados, assim como todos os ensinamentos relativos ao auto-desenvolvimento. Essa semelhança deve-se à natureza rebelde do auto-desenvolvimento.. due Quanto mais desenvolvido o indivíduo, mais iluminados são os grupos, e menos as instituições necessárias se tornam..

Se o povo chinês não fosse afetado por todos os tipos de doenças durante a revolução cultural, ou mais precisamente a mudança ir de imperial para oligarca, haveria ainda menos consciência, umacompreensãod do Tao e prática de Tai Chi, e medicina tradicional chinesa também seria menos comum se amplamente conhecida. Se as lições desses sistemas do Tao não fossem tão úteis para indivíduos indispostos, elas poderiam ter sido eliminadas ou ocultadas também durante a institucionalização da Revolução Cultural.. Mao Tze Tung promoveu especificamente a prática de Taiji para ajudar pessoas mal-doentes e desnutridas do pós-guerra.

As verdades paralelas dos princípios de Thoth e do Tao são universais e universalistas. As energias e ideais envolvidass na conceituação dos princípios de Thoth e do Tao são paralelas na apresentação da verdadee na sua qualidade integrativa de utilizar outras lições quando alinhadas com a verdade.. Os Tedoendode Thoth e O Tao são baseados em observações da natureza e utilizados para estar mais em sintonia com a natureza, e para utilizarconscientemente a força da natureza, e até mesmo se tornar uma força da natureza..

Os Tedoendode Thoth e The Tao ambostêm origens antigas e misteriosas. Ambos elucidam a simplicidade que pode ser aplicada a inúmeros aspectos do infinito em direção à complexidade. As ideias apresentadas podem ser percebidas como ultra-simplistas ao ponto de inutilidade ou infinitamente aplicável, dependendo do conhecimento doaluno. Os princípios de Thoth e O Tao são reveladores de potencial, quanto mais você sabe sobre outros assuntos e objetos,, mais significativas e aplicáveis as lições se tornam.

Os princípios de Thoth são usados como princípios fundamentais para refinar ainda mais a compreensão do universo primordial, The All. The All in Hermetics, em The Tenets of Thoth é equivalente ao Tao, ou Taiji, o símbolo de Yin Yang no centro de toda a sua. O Tudo é o finito e o infinito. O Tao primordial está em todo lugar e ainda se você tentar encontrá-lo você nunca vai. A compreensão do Tao, ou imaginação de The All, são fundamentais para continuare a individuação process para potencializar o melhor de cada um de nós..

Defato, o estudo dos princípios de Thoth, Seusmeticse The Tao são cada um fundamental para uma busca mais elevada,smais importante, tornando-se nosso verdadeiro eu mais potente,para incorporar a energia Thoth.. Em chinês, o homem superior huéchamado chuntzu. Chuntzu é mencionado no I Ching, o famoso livro sobre a prática de adivinhação, baseado nas energias Yin e Yang do Tao. A ideia é que, com sabedoria e clareza, possamos ser mais apropriados com energia and atividade ao nosso redor para ser benéfico para si mesmo e paraos outros. Oprocessode desenvolvimento lquímico é o próprio ponto de compreensão do The All and The Tao e da compreensão da energia em relação ao mais básico ao mais sutil..

Os princípios de Thoth e os ensinamentos do Tao começam com princípios simples e conectam/contêm sistemas cosmológicos, integrativos,, , misteriosos que deram origem à medicina,metafísica, meditação, artes marciais, filosofiay, ciência e talvez o mais importante auto-desenvolvimento. Assumir uma prática envolvendo o auto-desenvolvimento é tão difícilquanto recompensar. s

O estudo do The All and The Tao também compartilha a comunalidade em que os indivíduos foram desprezados como sendo maus ou questionáveis pelas instituições em geral. Provavelmente, principalmente por causa do potencial de individuação dentro do florescimento do estudo. Hermética e qualquer coisa relacionada a Thoth tem sido variously proibida,oculta e desprezada e o Tao também tem sido desprezado e continuamente oculto também. Tanto Herméticos quanto Taaiji começaram como filosofia observacional e, em seguida, tiveram aspectoss sequestrados em ritos religiosos ocos e religiosidade colorida pertencentes aos sistemas de controle por e instituiçãoal tendências que desprezavam e ideias para começar.. O ocultação da autenticidade e a mistura da diluição institucional do valor filosófico e do potencial de individuação das práticas degradadas de autodesenvolvimento..

Herméticos e Taoísmo se concentram na individuação, na personificação do conhecimento universal a ponto de ser exibida como sabedoria personalizada em um indivíduo melhorado. A transmutação, o potencial alquímico em estudo do Tudo oudo Tao i exemplificado no poder pessoal ao ponto que as instituições preferem que a maioria permaneça ignorante dele, ou apenas a conheça e afins em forma diluída.s A prática do que é muitas vezes referido como trabalho interno, ou o grande trabalho, é variante. Existem inúmeras maneiras para engajar nossa ascensão de inúmeros níveis do trabalho de individuation, mas certamente uma parte essencial é aremoção da influência institucional e do engajamento do conhecimento individual. E certamente o estudo dos princípios do Direito Thoth/Natural, bem como a prática dos movimentos naturais de Taiji/como Taiji são possivelmente os mais importantes para integrar ideias humanas para engajar atividades relativas à ascensão.

A energia thoth é conectiva e edificante. A energia thoth é como o lótus. O lótus floresce de fora de algumas das águas mais escuras e é uma das flores mais bonitas. A energia thoth é deste mundo e do mundo além.

~

Você pode subir ou pode escolher o contrário. Otraço human para desejar expansão e ascensão da consciência, ou algo para cumprir essa inclinação natural de outra forma, foi substituído pela busca de materiais e dinheiro. Muitas vezes as ideias relacionadas ao desenvolvimento são julgadas não pela forma como funcionam, mas pelo patrimônioir, antes mesmo de, vivenciarem otrabalho.. Taiji é chinês, e tais artes da China foram influenciadas por Bodhidharma e outras pessoas da região do Vale dos Hindus, e antes disso outros povos poderiam ter sido influentes. Taiji é uma arte marcial chinese marcial, mas é mais precisamente uma arte humana de auto-desenvolvimento..

A herança das ideias pode serimportante, mas é muito mais importante perguntar se as ideias são verdadeiras e de acordo com a natureza. Se nós apenas cuidarmos da herança, todos nós poderíamos ser apresentados com más ideias envoltas em bandeiras e tal.

Isso está de acordo com a natureza? Esta é uma questão primária, não as várias questões de julgamento institucional em direção à limitação.. Se uma ideia é ou não de uma tradição ou instituição aceita é inconsequente ao atributo mais importante de ser verdade e estar em alinhamento com a natureza..

Minha intenção no presenteemiondo Tao de Thoth é não substituir as ideias relacionadas apresentadas no passado, nempretendo continuar ou causar tal julgamento.. Duvido que pudesse melhorar os princípios e práticas milenares principles relativos à Hermética e ao Taoísmo. Minha intençãoion é ilustrar ainda mais as ideias universalistasist que são mutuamente conceitualizase transmitidas simbolicamente através de diversas culturass do Oriente e do Ocidente.. Minha intenção é unir a humanidade na simplicidade. Pois na complexidade certamente não há unidade e na simplicidade pode haver.

Minhaintenção é revelar princípios de desenvolvimento da consciência, e inspirar a potencialização da individuação através de práticas relacionadas. E minha intenção adicional é fazê-lo em um manner apesar das algemas institucionais e ainda para quebrar algemas institucionais que inibem indivíduos. Through simplicidade, através do Tao deThoth. todos nós podemos ser um pouco melhorados e um pouco conceituar nossa verdadeira natureza, apesar das instituições..

Todos os indivíduos, a menos que institucionalmente orientados, todos procuraram incorporar o desenvolvimento da qualidade bastante maçante obtendo uma quantidade. Essa gnose da divindade de si mesmo é um aspecto central universal da espiritualidade e da religião, embora a maioria das religiões insista que os indivíduos celebrem o caminho de outros que realizaram a obra, em vez de insistir que outros caminhem seu próprio caminho e façam seu próprio trabalho para serem individuados humanos de conhecimento e sabedoria ou como expressado na energia de Thoth e na ideia de um homem superior, um chuntzu.

Lao Tzu é talvez o arquétipol taoísta chuntzu. Lao Tzu significa velho e diz a lenda que ele nasceu com barba branca. Lao Tzu escreveu o livro sobre taoísmo e nele escreveu famosamente: "aqueles que falam não sabem e aqueles que sabem não falam". Lao Tzu também começou seu livro com o seguinte:

O Tao que pode ser dito não é o eterno Tao.

O nome que pode ser nomeado não é o nome eterno.

Este contraste é engraçado o suficiente considerando que esta é a linha de abertura de seu livro sobre o Tao, O Tao Te Ching, mas também porque Tao significa tanto o caminho quanto a palavra. Portanto, é um duplo sentido de várias maneiras.

Os ensinamentos ocultos pelos que Thoth recebe crédito e os ensinamentos ocultos of O Tao são amplos em seu escopo e suas aplicações para ambos começam na simplicidade e estão enraizadas em observações fundamentais do físico e espiritual, o óbvio e sutil da natureza. Ser simples permite uma aplicabilidade ampla, sendo complexo restringe o escopo.

A filosofia do Tao e dos princípios de Thoth são baseadas em observações da natureza. Cada um explora a natureza e expande-se sobre formações ideais na natureza para imitar e recriar situações ideais para atividades individuais.

Se a prática taiji não tem em nada está integrando a filosofia aos movimentos. Se os princípios de Thoth não têm nada, está incorporando filosofia ao nosso ser. O Tao de Thoth destaca e se une a fim de ampliar e potencializar. Taiji focaes na mudança e aperfeiçoamento da mente corporal em termos simples através do movimentoprincipalmente enquanto a Hermética se concentra na mudança e aperfeiçoamento através de conceitos. Juntos há flores emg união..

Taiji e Hermetics representam alguns dos modos finais de desenvolvimento self, Taijimais conhecido pela abordagem física ,e Hermetics mais conhecido pela abordagem filosófica, mas cada um é responsável por vastas habilidades relativas ao auto-desenvolvimento e dependendo da interpretação além do desenvolvimentoal em direção a práticas alquímicas.

Religion foca na queda do homem, spirituality foca na ascensão do homem. Taiji e Herméticos representam formações para criar indivíduos. Ambos se destacam como os começos mais simples para o empreendimento mais complicado de ser humano e representam entre os meios mais eficientes para se desenvolver. Ambos os sistemas são inconstreados e abertamente aplicáveis e valiosos e ainda não são comumente ensinados and onde ensinados eram comumente pelo menos parcialmente ocultos.

Os ensinamentos do Tao são, se falhos, são apenas falhos porque sendo "o caminho de nenhuma maneira" nunca houve uma abordagem sistemática padronizada, os ensinamentos são de fato tão amplamente aplicáveis que a filosofia se torna difícil de expor em muitas vezes e muito menos formular. Por outro lado, o que temos dos ensinamentoss de Thoth, se possivelmente para ser percebido como falho, são apenas para que as lições amplas se tornem difíceis de incorporar a faltade aplicabilidade além das noções simbólicas e filosóficas das quais as especificidades podem permanecer evasivas e possivelmente químicas, ou espirituais, ou não.

As falhas, se preferirem, não são falhas quando o Tao e os Princípios de Thoth se unem. As lacunas se tornam apenas espaços para um e outro se encaixarem e se relacionarem com um e outro, como Yin e Yang em Taiji. O Tao de Thoth apresenta filosofia que você pode incorporar com base na compreensão dos princípios de Thoth através das relações da Prática de Tao e Taiji.

"Se você é um verdadeiro aluno, você será capaz de malhar e aplicar esses princípios, se não do que você deve desenvolver-se em um, pois de outra forma os ensinamentos herméticos serão como palavras, palavras, palavras para você."
~O Kybalion

"Um fenômeno sempre surge da interação doscomplementas. Se você quiser algo procure o complemento que irá provoque.. O conjunto causa Horus. Hórus resgata Set." ~Provérbio Egípcio

Tao e Taiji

"A coisa mais macia do universo overcome a coisa mais difícil do universo."

~Lao Tzu

Taiji Chuan prática é a grande forma final de individuação, a melhorformulação para o auto-desenvolvimento. A prática de Taiji começou como uma arte marcial e expandiu-se para uma arte meditativa, uma arte curativa, e muito mais. Quando podemos curar, podemos nos tornar fortes, umnd então podemosmelhorar nosso estado meditativo,e muito mais. Taiji é uma arte de contrastes em que buscamos não fazer mal e ainda uma prática para proteger a nós mesmos e aos outros se alguém for prejudicial. As origens da prática taiji certamente culminam da integração de práticas muito mais antigas relacionadas ao yoga, chi gung,, artes marciais, dança, meditação e estudo do Tao/natureza. The Tao A história principal sobre como a prática de Taiji foi originalmente concebida e inspirada é alegicamente paralela à energia Thoth. .

ChangSan-Feng é o fundador da prática de Taiji. Viveu durante o final de 1300 e início de 1400. Ele deixou sua posição como funcionário do governo para bevir um taoísta errante, mais frequentemente nas montanhas. Viajando de um lugar para outro observando a natureza, ele também perseguiu aprendering meditarn, artes marciais e o Tao.

Most sistemas de artes marciais exerciam tensão e usavam força muscular. Chang san-Feng estava insatisfeito com a forma como esses sistemas se relacionassem com os princípios de suas práticas taoístas. Então one dia ele witnessed uma cobra e um guindaste in mortal combat e, a mais, movimento conceitualizado na maciez em vez de na dureza.

Eledesceu de uma árvore com as asas totalmente abertas, a cobra assobrou, e o guindaste atacou com seu bico. A cobra usou seus movimentos de circulação e enrolamento para escapar e chicoteared de volta no guindaste com sua cauda. O guindaste levantou a perna para evitar o ataque e depois usou suas garras para atacar, butelecobra escapou torcendo e circulando novamente e tentando retornar o ataque com uma mordida. O guindaste enrolou o pescoço para escapar do veneno e bateu suas enormes asas para forçar a cobra a se afastar.

Eventualmente, igualmente combinado, elehe inimigos terminou a luta. Eleserpente deslizou por baixo das rochas e o guindaste voou até uma árvore.. Chang san-Feng realized que ele tinha testemunhadoed uma exposição perfeita de The Tao em confronto, de adaptar-se à mudança, mantendo a capacidade de misturar suave e duro, força forte e rendimento furtivo. O fluxo dos movimentos da cobra e do guindaste refletia seus entendimentos taoístas e aumentava suas observações e entendimentos da natureza. Ea experiência de observar a interação entre a cobra e o guindaste o inspirou a formar o fluxo da prática taiji. .

É interessante notar que o íbis, guindaste e cegonha são bastante semelhantes na aparência e comportamento, tchapéu o pássaro e a energia da cobra enrolada são tema consistentes na energia Thoth, bem como a fundaçãoalalegoria da prática taiji, baseada em princípios taoístas e observações da natureza, e do direito natural.

Há também um simbolismo mais profundo compartilhado por the ibis, guindaste e cegonha. Todos eles podem comer do pântanos e ainda subir a grandes alturas. Este contraste lembra o aumento de lótus da pantanosidade. Cada entrega energia de cima alegórico também, assim como a cegonha míticamente entrega recém-nascidos.

Alternativamente, a cobra é moídaed e ainda pode enrolar-se suavemente. Ambos os animais ilustram seus próprios aspectos Yin e Yang, mesmo quando oy contrasta entre si, sendo a cobra being more Yang e o guindaste maisYin. O guindaste representa a energia Yin e é dito ser o intermediário dos deuses, assim como Thoth é conhecido como o mensageiro dos deuses. E a cobra representa a energia yang e potencializaçãoted/aterrado/energia medida.

Talvez não tão incidentalmente quando o Baixo Egito e o Alto Egito se uniram, a unificação foi simbolizada pela inclusão de um pássaro e uma cobra juntos. A cobra e o abutre dos dois reinos foram mostrados juntos em cocar do rei mais famoso do Egito, o reiTukhamon. A cobra simboliza o Baixo Egito e o abutre Alto Egito. O simbolismo pode ser completamente desconectado, mas o casamento da energia da cobra com energia de voo é interessante, assim como a alusão a outras combinações ou casamentos.

Definição Padrão de Tao: Tao significa O Caminho.

"Tele princípio absoluto subjacente ao universo, combinando dentro de si os princípios de Y in e Yang e significando o caminho, ou código de comportamento, que está em harmonia com a ordem natural. Y "

Definição Padrão de Taiji, de onde a referência ao termo Tai Chi se origina:Taiji significa Grande PolaridadeFinal. Taiji Chuan, ou Grand Ultimate Polarity Long Fist (punho/movimento) é essencialmente o movimento Yin Yang. Uma vez que o Yin Yang é baseado em observações da natureza, Taiji é uma prática natural de individuação.

Não há padronização da práticataiji. O Taiji contém Yin e Yang. O símbolo mais conhecido como Yin Yang é na verdade o Taiji. É o grande símbolo final que contém e ilustra filosofia natural e harmoniosa. Taiji significa especificamente Grande Polaridade Final, mas talvez deva ser conhecido como The Primal Ultimate Polarity representando o finito e o infinito.

O Taiji é visualmente retratado no que é comumente chamado de símbolo The Yin Yang.. O Taiji contém mais precisamente Yin e Yang. O Taiji simboliza a filosofia universal e a metafísica do Tao. Os redemoinhos são semelhantes energicamente às cobras de Thoth, Hermes e Fuxi. Taiji Chuan é a prática natural de movimento meditativo que incorpora o Tao.

The Taiji é o símbolo do Tao e Taiji é o movimento medita iive, arte curativa, artemarcial, e arte de individuação, originária do poço profundo que é o Tao. Taiji permite que pessoas jovense velhas, fracas e fortes, se tornem mais humanas, mais em seu estado natural. Conceituar O Tao e os Princípios de Thoth também iniciam a mesma potencialização.

The relação dos princípios de Taiji com os enets Tde Thoth revelam a unidade da humanidade e a verdade compartilhada disponível na observação da natureza e do direito natural.. Oherdeiro T compartilhou o assunto e todas as inúmeras aplicações todas para individuação alquímica e potencialização coletiva revelam sua comunhão, bem como revelam por que talvez alguns tenham obscurecido os princípios e práticas atribuídos ao Tao e aos Princípios de Thoth.. Apesar da unidade da humanidade existem oligarquias que buscam manter o controle, na maioria das vezes através da manutenção do controle da informação, especialmente informações relativas ao empoderamento individual.. O potencial de individuação das informações relacionadas certamente argumentou sua ocultação.

As oligarquias ao longo do tempo registrado ocultaram e limitaram a compreensão da simplicidade de aplicabilidade em direção à ampla aplicabilidade e substituíram-na por atividade complexa com aplicabilidade limitada. Most as pessoas podem ver a compreensão da simplicidade como insuficiente,, mas isso é apenas porque eles não exploraram o que consideram simples. Se eu tivesse um dólar para cada vez que alguém dissesse que Tai Chi é chato por causa dos aspectos repetitivos eu não precisaria vender livros para ganhar a vida. A simplicidade de Taiji pode ser explorada tão profundamente a respeito de ser como um poço e o meu de aplicabilidade potencial, mas apenas quando aberto a cavar.. A prática de tai ji certamente começa com a forma como você percebe isso, e que você percebe isso. Assim como as ideias herméticas, Taiji começa em mente e por mais física que seja, é principalmente mental.

Taiji é simples, não é fácil ser simples depois de ser complicado por tanto tempo. É muito mais inteligente fazer coisas simples, com efeitos simples, com inúmeras aplicações em vez de coisas complexas, com resultados complexos, com aplicações limitadas. E o que você vê as instituições do mundo fazendo?

Taiji é simplesmente aplicável amplamente. Conceito simplosos com inúmeras aplicações são menosprezados globalmente,, alguns obviamente e outros mais sutilmente. O natural está sendo rebaixado e o artificial está sendo totalmente engajado. O natural e lógico é frequentemente removido para abrir caminho para o não natural e ilógico. Recentemente, a própria menção de gênero, ou de masculinidade e feminilidade,, passou a ser motivo de discussão como se o gênero como demonstrado na natureza não existisse fisicamente,, nem energicamente, mas socialmente.

Throughout o mundo simples princípios de potencialização são em sua maioria ignorados e os indivíduos são em sua maioria deixados dolts não desenvolvidos em vez de adultos desenvolvidos.. A maior parte do mundo está vivenciandoing uma consciência suprimida. Somos suprimidos para estar em um estado de sobrevivência limitado, mesmo quando nossas necessidades de sobrevivência são atendidas o impulso para obter não é deslocado. O crescimento do Little é procurado entre a maioria, exceto pelo crescimento das finanças..

O modo simples e natural, O Tao, muitas vezes é deixado des exploraçãoe não desenvolvida, enquanto a maneira complicada e artificial, coletivismo oligárquico ou outro tal isms, são celebrados. Princípios simples do Tao e dos Princípios de Thoth são menosprezados, e modos oligárquicos complicados são aprendidos e praticados. Isso me lembra uma ideia de Taiji, "Você é o que pratica."

"Nós não subomos ao nível de nossas expectativas, mas caímos ao nível de nosso treinamento." ~Archilochus

Se há tempo que precisamos simplificar, enquanto ao mesmo tempo estar atento à nossa prática, é agora. Se houve um tempo onde o indivíduo e o coletivo precisavam de refinamento, é agora. As ramificações ambientais da manutenção das perseguições oligárquicas artificiais para as instituições são totalmente caras e ameaçam os indivíduos, bem como todo o coletivo de indivíduos, e a natureza em seu totality. O Tao de Thoth apresenta princípios e práticas simples para o aprimoramento da consciência da humanidade.

~

Cada um dos tenets de Thoth se alinham com os princípios e práticas de Taiji. Each de Tenets de Thoth são refletidos em Taiji destacando a unidade da humanidade em nosso pensamento e ser. Cada uma das lições proporciona uma maior conscientização sobre si mesmo e do entorno. Cada um fornece caminhos para o auto-desenvolvimento do indivíduos e, portanto, cada um diminuia dependência institucional e a impedimento.

As lições são simples e profundas. Eles são imediatamente compreendidos e são quase infinitamente aplicáveis. As lições são simples e ainda permitem ques o indivíduo se torne tão poderoso a ponto de ser capaz de manter o controle de sua consciência em meio à injeção institucional e sociológica de confusão e complexidade.

Não serei o primeiro a escrever sobre o Tao, ou de Thoth. Serei o primeiro a colocar de forma a simplificar e, assim, engajar o potencial individual unindo as duas tradições e apresentando práticas físicas e mentais relacionadas. O efeito sidecolateral do auto-desenvolvimento, como o de todas as jornadas meditativas, journeys permite a visão verdadeira, de si mesmo e do entorno. Torna mais óbvias as mentiras da complexidade oligárquica e, portanto, a tendência de menosprezar as práticas das instituições. The Tao de Thoth é para que os indivíduos sejam mais pro encontradose mais sólidos, mais si mesmos em sua verdadeira natureza. O Tao de Thoth permites uma maior consciência em um mundo de truques institucionais aparentemente projetado para zombar de si mesmo e do entorno para mero lucro..

Você pode escolher a simplicidade do Tao, ou a complexidade do Dow Jones. Você pode optar por focar na individuação ou na institucionalização.

Há uma ideia na prática de Taiji que se você começar com um movimento, estrutura ou princípiodefeituoso, quanto mais você pratica o agente defeituoso, mais longe você vai de estar em alinhamento e o refinamento mais difícil é. Se começarmos uma viagem com um curso traçado que está fora por apenas alguns graus, acabaremos completamente fora do curso.

O Tao de Thoth é um pensamento fundamental que lhe permitirá traçar seu curso correto com mais segurança. O Tao de Thoth permitirá que você seja menos frequentemente levado para um passeio por outros indivíduos e instituições.

Dedico isso aos indivíduos entre as instituições do mundo, na China, nas Coreias, nos Estados Unidos, naRússia, Europa, Arábia Saudita e em todo o mundo. Minha intenção é conscientizar com simplicidade fundamental para combater os sistemas de treinamento institucionalizados em todo o mundo. O Tao de Thoth é velhice, não nova era. O Tao de Thoth é para indivíduos, não instituições.

Diz-se que a compreensão do Taiji é originária de observaçõesda natureza. Os princípios e práticas não sãoextraídos especificamente do comportamento animal, mas são da natureza de forma ampla. O Direito Natural, ou Os Princípios de Thoth, são derivados através das mesmas observações das verdades universais.

O que é e o que não é criar uns aos outros.

Difícil e fácil se complementam.

Altos e curtos se formam.

Alto e baixo descanso um sobre o outro.

Voz e tom se misturam entre si.

Primeiro e último se sigam.

Então, o sábio age sem fazer nada,

Ensina sem falar,

Atende a todas as coisas sem reivindicar sobre elas,

Funciona para eles sem torná-los dependentes,

Não exige honra para sua ação.

Porque ele não exige honra,

Ele nunca será desonrado. "

~Lao Tzu, *Tao De Ching*

O Taiji é baseado em energias contrastantes de Yin ang Yang. Essas energias não são opostas, mas contrastam entre si. Alguns dos princípios de Thoth e partes do Tao são muitas vezes mal interpretados como sendo baseados em opostos básicos, como apenas contendo apenas dois lados opostos em vez de contrastes de forças. Na verdade, só há divisão e desconexão nesse modo de pensar e não de inclusão integrativa. Perceber as coisas em termos de limites opostos e dividirs, enquanto perceber contrastes s expande e une. Both Os princípios de Thoth e O Tao formam contrastes em direção à unidade e não necessariamente extrapolam a oposiçãotion em tudo..

Como a água Tele tao toma a formado recipiente. Tao é mais como água. O Tudo e o Tao se encaixam nas circunstâncias, na natureza do meio ambiente. O mesmo pode ser dito da energia de Thoth no sentido de que as ideias se misturavam com diferentes indivíduos e culturas e acabavam apenas acentuadas, o nome mudava, mas a energia essencial permaneceu. A energia thoth tornou-se como água, os diferentes recipientes representados como um babuíno, um Íbis, como Hermes e como Fuxi.

Thoth e Tele Tao inspiram a humanidade a alcançar o desenvolvimento harmonioso de si mesmo e do entorno nos termos mais simples. Existem muitos princípios e práticas diferentes em Taiji e relacionados com Taiji. Em busca de equilíbrio harmonioso e auto-desenvolvimento paraafastar o domínio dos taoístas conceituaram oito camadas de nossos corpos, oito camadas do nosso ser podemos potencialmente harmonizar e desenvolver.

Corpo Físico

Corpo de Chi

Corpo Emocional

Corpo Mental

Corpo Psíquico

Corpo Casual

Corpo de Individualidade

Corpo de Tao

"O homem conhece a si mesmo." ~Provérbio egípcio acima das portas dos centros de aprendizagem.

"Se você conhece o inimigo e conhece a si mesmo, você não precisa temer o resultado de uma centena de batalhas. Se você se conhece, mas não o inimigo, por cada vitória conquistada você também sofrerá uma derrota. Se você não conhece nem o inimigo nem você mesmo, você vai sucumbir em cada batalha. Sun Tzu, ~*A Arte da Guerra*

Tudo está dentro de você. Conheça seu eu mais interior e procure o que corresponde com ele na natureza. " ~Provérbio egípcio

Mentalismo

Tudo começa em pensamento. Tudo (material) Yang se origina em (imaterial)) Yin. (

Tudo existe na mente primeiro. Se você não acha que isso é verdade tente agir sem pensar, ou tente pensar errado por um dia. Tudo yang e substancial se origina em Yin e o insubstancial. O material tem origem no imaterial. Desenvolva seu pensamento e desenvolva sua consciousnessconsciência, e seu being.

Consciência é a consciência da consciência. Na maioria das vezes, não estamos cientes de nossa própria consciência e, principalmente, apenas mal estamos cientes de uma pequena periferia. Quão capaz é um neste estado? Nossas mentes ditam nossa capacidade e quanto mais conscientes formos, mais óbvio isso é.

Um dos assuntos mais confusos e incompreendidos em todo o mundo é a consciência e, em certa medida, a moralidade. Quanto mais conscientes e conscientes forem, melhor será o seu pensamento e mais inteligência moral eles podem ter.. Quanto menos conscientes forem, mais provável é que seus pensamentos sejam ilícitos e maçante, e mais provável que eles tolerem o mal..

A moralidade é constante. O delito de hoje é e foi errado em outros momentos e lugares. É nossa tolerância ao mal que muda. Nossa tolerância ao mal é influenciada pela interjeição da complexidade para afastar o pensamento da simples consideraçãoda realidade. A complexidade está inserida e talvez a única árvore de assunto que é constante, que não muda, a árvore alegórica do conhecimento do bem e do mal. A moralidade não muda, nossa perspectiva sobre a moralidade é deslocada por influências. E, em última análise,os indivíduos menos conscientes há quanto menos moralidade existe, e quanto menos moralidade houver, menos criatividade e liberdade há..

Se alguém nega moralidade é sua responsabilidade quebrá-la. Machucar os outros é errado. A complexidade fez com que alguns pudessem conceituar que não há verdade e, portanto, nenhuma verdadeira moralidade. Eles podem ser capazes de machucar e dificultar alguns outros sem gaguejar, eles podem sercapazes de cometer grande erro sem pensar que é errado devido à complexidade encobrindo seu pensamento. Cabe a você,, muitas vezes,, dizer algo.

Um importante contraste a considerar em nossa modalidade de espírito nossa consciência do sutil e nojento. É melhor estar menos atento ao bruto e mais atento ao sutil.. A maioria das pessoas funciona com sua atenção no muito básico, mas todos nós também podemos levantar para ser umcuidado do cósmico em vez de apenas o básico.

O conceito de um soco básico pode revelar a grosseria do the pensamento de some quem nega a realidade e amoralidade.. Se alguém é atingido há uma verdade inegável nele e se o soco nega, então há inegável inverdade. Se alguém é atingido sem razão, está errado. A complexidade sombria do mundo vai interpor sem sentidoness e dividir a importância da história de quem socou quem e por que convencer o agregado de que o soco nunca aconteceu ou que é aceitável.. E ainda assim machucar os outros é errado enquanto defender os outros não é errado.

Existem várias versões daexpressão seguinte, mas o ponto permanece que só é aceitável conduzir artes marciais por uma razão e que a resposta deve ser apropriada. Não que seja importante dizer algo primeiro. "É melhor verificar do que atacar, é melhor atacar do que chutar, melhor chutar do que lutar,, melhor lutar do que quebrar...'

Dois componentes primários de Taiji são, em primeiro lugar, não fazer nenhum mal, e segundo, sempre defender a si mesmo e aos outros. Without esses dois componentes não seria capaz de desenvolver a consciência mais adiante. Taiji, como a própria espada, é simbólico para autodefesa,defenseauto-desenvolvimento, simplificação; cortando o supérfluo em direção à verdade,a verdaderefletida na natureza,a verdade refletida na beleza da simplicidade..

As instituições tentam ditar a moralidade como bem entenderem e também zombar da moralidade quando ela não lhes convém para que possam controlar a modalidade da mente.. A moralidade é constante. É a nossa percepção disso que muda. Pode-se existir no mundo enquanto ainda mantém a moralidade centrada em vez de moralidade ditada,mas as instituições farão todo o imaginável para tornar isso quase impossível.

Nossa abordagem individualizada pode ser suave ou severa, na modalidade Yin ou Yang,, mantendo uma postura moral. Escolher ação imoral, seja de forma suave ou severa, serve às instituições. Eventually imoralidade retorna abertamente, embora às vezes mais sutilmente degradars o bem-estar do agressor, seja imediatamente ou eventualmente. Pensamento e ação injustas tendem a levar a pensamentos e ações mais ilícitos, muitas vezes como uma maneira de evitar abordar as irregularidades..

"Para se encontrar, pense por si mesmo."

Um belo conjunto de oito qualidades úteis na manutenção da postura moral and an estado mentalindividuado,saudável e forte são apresentados em Buddhism's Noble Eightfold Path. Essas ideias são lindas ed expansivas em sua simplicidade ao invés de serem constritivas e dogmáticas. Também são curiosos que a própria apresentação da ideia de "direito" causa questionamento das operações de nós mesmos, de outros indivíduos, e instituições. Instituições em todo o mundo desprezam tais conceitos espirituais expansivos e preferem ditames monolíticos e monotemáticos.

Caminho oito vezes

Compreensão correta

Intenção Certa

Discurso certo

Ação certa

Meio de subsistência

Esforço certo

Atenção Plena

Concentração certa

O Nobre Caminho Oitavo abrange especificamente lições budistas, no entanto, a vastidão ir é individualmente aplicável, não importa. Por exemplo,, o Entendimento Certo tem a lição das Quatro Nobres Verdades. As lições aqui são de grande profundidade e valor, bem como para a compreensão individuada.. Volumes de obras foram escritas em cada ponto do Caminho Oito.. Os Quatro Pensamentos são frequentemente emparelhados com os Quatro Imenasuráveis. Os Quatro Imenasuráveis essencialmente definem o amor e os quatro níveis de amor.

Os Quatro Pensamentos

Impermanência

Precioso Corpo Humano

Karma

Samsara

Os Quatro Imenasuráveis

Amor por Si mesmo

Amor pelos Outros

Amor pela Felicidade dos Outros

Amor por Todos os Seres na Equanimidade

Estas não devem ser confundidas com As Quatro Nobres Verdades do Budismo; tele verdade do sofrimento, tele verdade da causa do sofrimento emg, tele verdade do fim do sofrimento, t ele verdade do caminho que nos liberta do sofrimento.

Não deixe que os outros dedem seus tons sobre você e em sua mente. Todos que você conhece e muitas pessoas que você não conhece tentarão se infiltrar no seu pensamento e direcionar seus pensamentos para algo que eles querem que você compre ou seja. Alguns distrairão sua atenção e ganharão sua atenção com intenções negativas, e cabe a você manter o espaço. Quando apropriado ser suave ou severo, mas sempre tente manter um nível de verdade e moralidade em sua abordagem e seu entorno..

Seu estado mental deve estar em uma disposição equilibrada. s Não seja muito fluido nem muito ardente,, mas equilibre sua plibilidade e rigidez para navegar pelo caminho em direção à moralidade. Há momentos em que a modalidade mais eficiente pode ser mais Yin e outras vezes onde poderia mais Yang, e não importa essa mudança, ainda podemos manter firmes nossos princípios morais. .

Há a noção entre os ensinamentos ocultos do mundo que todos nós aderimos e trabalhamos com a consciência coletiva e nossa própria consciência interna. Há o teorizado universal mind do coletivo, e há nossa própria mente interna de pensamentos, sentidos e sentimentos.

Ao realizar trabalhos internos aprendemos a controlar nossa resposta ao externo e interno. Quanto mais defendemos, com princípios simples como base, mais podemos lidar com influências externas e mais podemos ser suaves apesar da turbulência. Consciência é a consciência da consciência. É quase como se houvesse um observador do observador, uma terceira mente, ou uma terceira perspectiva observando o próprio comportamento. Só observando o observador podemos refiná-lo. Essa ideia, eu acho, está relacionada com a nomeação trismegistus de Hermes. Ou seja, três vezes grande, Trismegistus possivelmente infere o pensamento superior dessas três perspectivas.

Uma importante compreensão da mente retratada no Taiji e praticada em Taiji é o aprimoramento do nosso mentalismo, nossa mente interna. Taiji é sobre equilíbrio e ainda há muitos níveis de refinamento onde há equilíbrio. A dificuldade de mover três apêndices ao mesmo tempo em Taiji refina corpo e mente. Manter o equilíbrio éimportante se um está ou não realizando trabalho interno ou externo. O equilíbrio é necessário na ascensão, ou acima das influências do coletivo para manter o amor e a verdade.. O aprimoramento requer prática.

O processo alquímico interno de conscientização predial, de aprimoramento interno da mente,, é feito mantendo o equilíbrio enquanto você expande e/ou recupera o controle de sua mente. Há essencialmente dois processos mentais principais engajados e girando internamente. A mente simpática controla as decisões de luta ou fuga e a mente parasspática controla o resto e digere funções do corpo. O sistema parassimpático é a mente inconsciente passiva, uma orientação Yin. A mente simpática controla nossa resposta a situações e é a mente consciente ativa, umaorientação yang.

A via neural parassimpática e a via neural simpática cada um tem seus aspectos potenciais e quanto mais equilibrados, mais potencial. Balaciando a unidade do simpático e parassimpático, consciente e inconsciente, a popa e suave leva ao pensamento e ao ser ascendentes e ao potencial mental expandido.

Talvez o conceito mais importante de espírito para estar consciente para conscientizar é a ideia de que somos feitos de atividade compulsiva ou consciente. Quanto mais básicos formos, mais estamos sujeitos à consciência coletiva e mais influências institucionais compulsivas nos guiarão a ser. Quanto mais conscientes somos, mais sutis nos tornamos, mais sutilezas apreciamos, e mais expansivas nossas considerações e observações.

Procurar melhorar a consciência é efetivamente infinito. É como um dos famosos paradoxos de Zeno, apenas uma medida metafísica em vez de medida física. Aicotomia Paradox de Zeno (que significa O Paradoxo do Corte em Dois) afirma que se você caminhar metade da distância até um lugar, e então metade da distância até o lugar novamente, e continuar a se aproximar do lugar nesse ritmo você nunca chegará.

. Muitos estudiosos comparam o trabalho filosófico mo com a filosofia grega, no entanto, o seguinte é mais do que comparável. Os chineses mohist philosophers doséculo[IV] escreveram exatamente a mesma ideia apenas em um símile diferente. A ideia mohist afirma "uma vara de umpé, todos os dias tirar metade dela, em uma miríade de idades não será esgotado."

A filosofia mohista promoveu um cuidado imparcial. Foi teorizado que em vez de cuidar apenas de certas pessoas de certas maneiras eusou parte de cuidado e amor para todos é melhor. Atitude imparcial é inclusiva.. Partialidade leva a uma perspectiva incompleta, mas também é divisiva pois, em vez de princípios, há o potencial de ser injusto e provavelmente incerto.. A ideia mo de cuidado imparcial é um estado mental de qualidade.

Considere oe paradoxo da redução física como reflexo do paradoxo da expansão metafísica, do desenvolvimento de seu Taiji,, e do desenvolvimento de si mesmo internamente. Ynosso processo de desenvolvimento interno é infinito semelhante ao Paradoxo da Dicotomia, apenas energético, espiritual, mental, emocional,apenas tendo a ver com mind,apenas relativo ao crescimento ilimitado. Sempre haverá espaço para o aprendizado do mundo, para o aperfeiçoamento do eu e desenvolvimento da consciência interior, mais amor potencial na equanimidade. Há praticamente espaço infinito para subir acima das influências da consciência coletiva,infinitos aspectos supérfluos para cortar de impedir nossa verdade, a fim de estar mais em nossa própria natureza verdadeira.

"Parao puro, todas as coisas são puras,, para a base todas as coisas são básicas."
~*O Kybalion*

"O All é desconhecido." ~o*Kybalion*

"OTao que pode ser dito não é o verdadeiro Tao cósmico.

O nome que pode ser nomeado não é o nome verdadeiro.

O innamável é o eternamentereal.

O nome é a mãe de dez mil coisas. "

Lao Tzu, *Tao TeChing*

"Os lábios da sabedoria estão fechados, exceto para os ouvidos de understanding." ~The Kybalion

Desenvolver movimentos mentais em estágios que podem ser vistos essencialmente como neófito, praticante, homem superior human, e mestre. A prática de Taiji é uma atividade física, mas é principalmente uma atividade mental. O físico se acostuma a lidar com a adversidade de qualquer dificuldade muito mais fácil do que o neófito médio. A maioria das pessoas não tem um hobby de auto-desenvolvimento ou um kung fu porque é totalmente muito desafiador mentalmente. Um kung fu é um hobby de auto-desenvolvimento.

A maioria das pessoas nunca se torna professora magistral ou sifus não por causa das limitaçõesfísicas, mas por causa de tetos mentais auto-impostos. Para desenvolver sua mente e o poder do seu mentalismo você tem que praticar um kung fu, um hobby de autodesenvolvimento. Taiji é um modo altamente eficiente para sedesenvolver, mas há outros. A busca para ser um ser humano superior é o caminho. O caminho é tomado para promover o bem-estar, a longevidade, o prazer e a iluminação de si mesmo e de outros. É preciso gostar de aprender e desfrutar de ser mentalmente desafiadod para desenvolviar, ser mais capaze ser mais você. Você tem que praticar o desenvolvimento para ser você, ou de outra forma você será o que mais você faz.

Em Taiji, ocasionalmente sobrecarregamos a mente através do aprendizado de novos movimentos e refinando nossa posturas ao ponto de estarmos hiperconsetos de nossa relação com situações. Através da prática, quando e se há uma situação em que a hiperconstude é necessária, temos isso em conformidade. Nesses momentos muitaspessoas ficam presas em sua mente, contemplando o que fazer, o praticante do autodesenvolvimento simplesmente age de acordo. Como temos praticado nossa postura andmovimento tanto que nunca contemplamos o que fazer quando a situação vem à tona, só precisamos focar na situação. As coisas acontecem facilmente, graciosamente e naturalmente na realidade, com a prática em mente.

Este estado mental relaxado e sintonizado é chamado de mushin. Mushin é derivado da expressão zen, 'mushin no shin' significando mente sem mente. É o estado da prática de artistas marciais practice mentais para desenvolver, é o resultado de um kung fu de qualquer tipo.. É a arte nas artes marciais,, bem como talvez todas as artes.. É a capacidade de ser calmo, coletado e alinhado com energias situacionais e universais da mais alta maneira de ser gracioso e capaz de realizar de forma sem esforço.

Mushin requer prática. Praticar esse mentalismo requer compromisso com a aprendizagem, e aprender com mushin muitas vezes tem gosto de confusão e frustração. Este é o principal obstáculo para a maioria das pessoas buscar o auto-desenvolvimento.. O processo é confuso para que se fique alerta e não seja confundido em situações. Praticar e aprender Taiji é difícil para que situações de gravidade sejam facilmente tratadas.

Parede pensare acabe com seus problemas.

Que diferença entre sim e não?

Que diferença entre sucesso e fracasso?

Você deve valorizar o que os outros valorizam, evitar o que os outros evitam? Que ridículo!

Outras pessoas estão animadas, como se estivessem em um desfile. Só eu não me importo.

Só eu sou sem expressão. Como uma criança antes que ela possa sorrir.

Outras pessoas têm o que precisam. Só eu não possuo nada.

Eu sozinho à deriva sobre, euike alguém sem um lar.

Sou como um, minha mente está tão vazia.

Outras pessoas são brilhantes. Só eu sou escuro.

Outras pessoas são afiadas. Só eu sou chato.

Outras pessoas têm um propósito. Só eu não sei.

Eu à deriva como uma onda no oceano. Eu assopro tão sem rumo quanto o vento.

Sou diferente das pessoas comuns. Eu bebo dos seios da Grande Mãe. "

~Lao Tzu

Prática

Meditação em Pé

"Primeiro você tem que imaginar a energia, então você não pode inimaginável."

Sempre que alguém pergunta sobre energia em relação à prática de Taiji ou meditação eu conto a eles sobre imaginação. Se você não pode imaginar a energia você não pode sentir a energia,, mas se você pode imaginá-la você nunca pode inimaginável..

A postura mais simples e praticada em Taiji é o movimento de abertura. Apesar de inúmeras variações e refinamentos que podem ser integrados, o movimento essencialmente levanta os dois braços para cima, empurra para fora e afunda de volta para baixo. Como todas as posturas, há muitos nomes para esse movimento. Dois ste fora como sendo ilustrativo do espectro de pensamento possível. De um lado do espectro há o nome Início e do outro lado do espectro é chamado de Casamento do Céu e da Terra. A postura do casamento do Céu e da Terra ilustra como podemos manter nossas mentes, no básico e no cósmico.

O casamento entre o Céu e a Terra tem a unidade e a noção integrativa, enquanto o Início não tem tal. Pratique o Casamento do Céu e da Terra, enquanto pratica seu Taiji, e apresente essa energia enquanto age na realidade..

Existem muitas posturas que você pode utilizar para a meditação em pé na quietude, mas a mais primitiva é a mais frequentemente praticada.. E como em tudo, a intenção interna é mais importante não a posição física. Existem muitas maneiras de praticar Taiji, assim como há muitas maneiras de abordar o que você faz. Com Taiji há are essencialmente níveis de maciez e lentidão que podem ser incorporados e há também contrastes de duro e rápido. Há também a maneira mais difícil de praticar – dentro de sua mente apenas através da visualização. A postura do Pilar Universal nos dá a oportunidade de visualizar a prática se você pratica Taiji, ou visualizar o que quer que esteja fazendo e praticando o contrário.

Essa prática interna de vislumbrar suas atividades é extremamente poderosa, especialmente quando relacionada a algo como Taiji, projetado para beneficiá-lo já. Pratique imaginando seu atletismo ou sua arte. Taiji é altamente eficiente para praticar a meditaçãode visualização, mas qualquer número de práticas individuadas pode ser incorporada. Atletas de todos os níveis, incluindo atletas olímpicos, utilizam a técnica de visualização como prática de treinamento para melhorar seu desempenho. Sendo que o Taiji é eficiente em melhorar seu desempenho, a técnica de visualização interna tempotencialde exponentia.

"Se um ovo é quebrado pela força externa, a vida acaba. Se quebrada pela força interna, a vida começa. Grandes coisas sempre começam por dentro." JimKwik

Simplica emposiçãorelaxada,, mas estruturada com o pescoço e as costas eretos e sua taxat e pernas torcendo no chão. Coloque ligeiramente o osso da cauda para a frente para aumentar a raiz vertical. Segure as mãos na frente em qualquer lugar do coração ao olho apenas ligeiramente na sua frente. Relaxe seus ombros, mas oco nossas axilas assim permitem hiperoxigenação combinada com o máximo de relaxamento. Respire lentamente e relaxe e mova energia e oxigênio profundamente, embora o corpode forma equilibrada e animador. A simplicidade e o benefício direto da postura do Pilar Universal como prática de meditação por si só não podem ser subestimados. Afunde e relaxe seus ombros refresque seus pulmões abertos e relaxados e barriga e repita. É simples, mas pode ser extremamente difícil e abre potencial para grande esforço/exercício de atenção.

Relaxe através da tensão da quietude e visualize praticando seu kung fu e visualize energia de qualidade.. Meditação é simples e aumenta nossa capacidade de lidar e compreender a complexidade.

Correspondência

Yin e Yang estão coarising. Um está dentro como sem, como sem assim como dentro.

O Grande Taiji Ultimate ilustra as contrapartes espelhadas. A ideia de correspondência ilustra como as coisas grandes e pequenas são influenciadas pelas mesmas construções da criação e, portanto, reveladoras da dinâmica compartilhada. . Os Yin e Yang em Taiji são co-surgidos, um não pode ficar sem o outro.

As lições de Os Princípios de Thoth e O Tao são muitas vezes consideradas evasivas , na verdade essas lições são tão simples como ser esotéricas e misteriosas em um mundo dificultado por véus de complexidade. Os princípios de Thoth e O Tao têm origens metafísicas ilustrando conceitos energéticos e espirituais, porém as lições são absolutamente aplicáveis às situações físicas e sociais, ao básico e ao cósmico.. ing concepts Correspondência é muitas vezes negligenciada e menosprezada fazendo algumas das lições mais valiosas encaixotadas e limitadas e muitas outras lições são negligenciadas inteiramente. A correspondência aumenta a aplicabilidade das ideias e a compreensão da tendência à unidade da natureza.

A ideia de que tudo começai n energia é ilustrada no mentalismo e pode ser retratada ainda mais no Princípio da Correspondência. Tudo começa em energia e a mente universal do metafísico só para ser mais tarde manifestado e compreendido pela mente individual. A mente universal, ou O Tao, é a energia metafísica da qual tudo se origina e aquela que estudos metafísicos, espiritualidade e religião tentam compreender e conectar com.

A ideia da primeira frase em *The Tao Te Ching* tenta relacionar esse conceito de como a mente individual é limitada e não pode exatamente conceituar a mente universal ou The All as *The Kybalion* coloca adiante. Constrangido como somos por nossos recipientes físicos e culturais,, e nossas inúmeras limitações, O Tao, ou The All, é desconhecido. A compreensão do Taiji é o mais próximo que podemos chegar de compreender a forma e o fluxo de todos e suas tendências.

Diz-se que o Grande Taiji emanará de uma condição ou dimensão que é causacional e não sob Cause e Effect, assim como TheAll is referencenced. O Taiji ilustra que a energia universal e a energia individual correspondeming a tudo, não importa a variação do ser, seja um Sol ou um humano.. Osre são muitos exemplos de Correspondência na natureza, e muitas vezes encontrá-la verifo valor em ideias, filosofia e replicar nossas observações correspondentes leva a uma invenção e interação bem sucedidas. O esotérico e exotérico, o interno e externo, a mente individual e a mente/energia universal/estão todos operando nas mesmas circunstâncias, na mesma vibração, que podemos resumir melhor como o Taiji..

O Grande Taiji Ultimate fundamentalmente apresenta esta lição na ideia de co-surgir. Uma interdependência mútua é ilustrada no Taiji onde não há ninguém sem o outro. Não há Yin sem Yang. E não há esotérico sem exotérico. As coisas são essencialmente nunca unilaterais, as coisas ocorrem em termos multifacetados, e de forma mutuamente surgida.

Uma das dinâmicas mais Csutis da orrespondência C é talvez apenas sutil por causa de sua presença firme. Os mundos internos de todos nós e o mundo externo de todos nós contém muitos aspectos da correspondência. O mais notável em *Kybalion* inclui a representação dos planos físicos, mentais e espirituais, juntamente com o quarto plano, o etéreo, o plano universal que conecta matéria e energia, o mundo espiritual com o mundo físico. O contraste da correspondência no the infinito e no finito, o Taiji com o Yin e Yang, funcionas como uma espécie de condutor da criação de energia, através do contraste do infinito e finito, caos e estrutura.

O Yin é o caos e o fluxo mais exatamente amorfo. O Yang é de direção estruturada. A combinação de caos e estrutura é uma lição subjacente em Correspondência, como mostrado na descrição em *The Kybalion*. Combinar a espontaneidade e estrutura similares em Taiji é uma lição igualmente importante.

1. O Plano da Matéria (A) 2. O Plano da Matéria (B) 3. O Plano da Matéria (C) 4. O Plano da Substância Etérea 5. O Plano de Energia (A) 6. O Plano de Energia (B) 7. O Plano de Energia (C)

O $4^º$ Plano de Correspondência, o etéreo, o aspecto silencioso liga e espelha e é a correspondência de matéria e energia, ou estrutura e caos, o material e o imaterial, Yin e Yang. Esta camada de transição reflete o ser energético Thoth de ambos os mundos; o espiritual e o físico. Em Taiji as zonas de transição, qualquer que seja o tipo, básico ou cósmico, são onde há grande oportunidade e energia.

Os grandes geômetros e arquitetos além dos arquétipos de Thoth e Fuxi, como aqueles que construíram os pyramids de Nubia, Egito e América,, e especialmente aqueles que construíram a Grande Pirâmide de Gizé, todos procuraram "equacionar o círculo". A ideia de esquartearing o círculo é de perfeição do imperfeito e da medição do imensurável. Esquartequilbrar o círculo implica a capacidade de medir a figura infinitamente pequena e equilibrar o espaço mais finito de modo a fabricar a estrutura perfeita da matéria, em proporções megalíticas, para refletir a perfeição da energia. A Grande Pirâmide de Gizé contém mistério em matemática e revela mistério na medida de sua geometria. Os grandes arquitetos manifestaram a Grande Pirâmide de Gizé em direção à perfeição material, em direção à esquartejamento do círculo..

Os grandes arquitetos internos, os meditadores, os praticantes de Taiji, os yogis e os filósofos, destilaram a consciência e contemplaram mistérios a fim de desenvolver o refinamento interno da consciência. Pode-se imaginar toda uma outra construção piramifecional energética como perseguição comparativa ao trabalho interno, que pode ser aperfeiçoado no reino imaterial, e é reflexo da perfeição do material Grande Pyramid.

A prática mais importante de Taiji é ficar macio. Todos nós podemos ser mais suaves porque todos nós fomos influenciados pelo endurecimento das complexidades até certo ponto ou outro. A maneira mais eficaz de incorporar mudanças positivas é simplesmente relaxar e suavizar nosso sistema. Se não formos mudanças suaves se tornam difíceis. Se simplesmente suavizarmos a maneira como seguramos nossos músculos faciais,, ou nossas mãos, ou amolecemos como nos carregamos de várias maneiras, podemos incorporar a mudança de padrão para melhor. Na verdade, a prática de Taiji contrasta o grande trabalho externo de "esquartequaring do círculo" para Taiji se concentra em 'circular a praça. Circulamos a praça em Taiji assim como trabalhamos em uma pirâmide simbólica enérgica. pyramid. Circulando a praça transforma nossos corpos e nosso ser em um estado de maciezness circular em vez de rigidez linear. .

Em Taiji transformamos nossa estrutura física e mental linear e ousada em estrutura suave e circular. Removemos a tensão aplicando seu contraste; Atenção. Com mais atenção mais relaxamento, mais amolecimento, mais curva da energia Yin é incorporada e edginess e tensão podem ser melhor eliminados.

Com a atenção curvando a energia Yin é assimilada em vez de ser um lado para a energia yang ousada inspirada no mundo das instituições e motivações Yang. Pratique circulando pela praça sempre que possível, em sua interactioncom indivíduos umnd em seu movimento, em você pensar e ser. Suavizar a ousadia comature curva.. edginess with curv

"Saiba, os cães da Barreira se movem apenas através de ângulos e nunca através de curvas do espaço. Somente movendo-se através de curvas você pode escapar deles, pois em ângulos eles vão persegui-lo. Ó homem, prestar atenção vós meu aviso; seek não quebrar aberta the portão para além. Poucos há que conseguiram passar o arrier bpara a luz maior que brilha além. Para saber, sempre os moradores, buscam tais souls para segurar em seu thrall. Ouça, ó homem, e prestar atenção vós meu aviso; procure vocês para mover-se não em ângulos, mas curvas, umnd se enquanto livre de seu corpo, embora ouça o som como a baía de um cão tocando claro e como um sino através de seu ser, fuja de volta para o seu corpo através de círculos, penetrar não no meio da névoa antes."

~As Tábuas esmeraldas de Thoth

A maioria das pessoas não integra suavidade, o Yin, as linhas curvas. A maioria das pessoas são mais energia Yang porque é a energia do status quo da complexidade. Isso é essencialmente apenas identificar com metade do The All, metade do Tao. A maioria das pessoas está sempre tentando trabalhar ângulos no status quo da complexidade em vez de ser simples e suave enquanto retém sua autenticidade.. Os praticantes de Taiji se movem de forma diferente, assim como os filósofos e metafísicos pensam diferente, pelo menos em parte por causa da integração da maciez e da curvatura e da queda da direção para sempre trabalhar os ângulos.

"Milhares de anos atrás, os taoístas chineses, seja a partir da observação científica, por mera hipótese, ou pela obtenção de informações de fontes desconhecidas para nós hoje, formularam a teoria de que existe um poder eterno que move o universo. Eles chamaram isso de poder supremo chi. De acordo com a lendária teoria de Yin e Yang, chi exerce seu poder incessantemente, movendo-se de forma equilibrada entre os poderes positivos (construtivos) e negativos (destrutivos).

Como os poderes de Yin e Yang se originam do poder supremo, chi, eles são capazes de se mover livremente sem qualquer limitação externa, imunes às restrições do espaço, do tempo e até mesmo das manifestações materiais da existência. Como os dois poderes estão sempre em conflito, mas equilibrando-se, nosso universo está constantemente e indefinidamente mudando. Tudo, mesmo o espaço não preenchido, deriva sua existência da interação equilibrada dessas duas forças contrastantes. Uma vez que os poderes de Yin e Yang são a origem de tudo, eles são a natureza final de cada objeto no universo." ~Waysun Liao, *Tai Chi Classics*

Na citação acima podemos entender chi como The Tao ou the All. A razão pela qual há a confusão original de Taiji com Tai Chi é que chi significa ar comprimido. E nós realmente praticamos Taiji a fim de desenvolver nosso chi, nosso ar comprimido, e, em seguida, transmutar o ar comprimido em formas mais sutis e mais altas de energia. As energias sutis podem ser entendidas como espirituais se isso lhe convém ou químico se isso for apropriado para, na realidade, ambas as these dimensões são abordadas e muito mais. Taiji era frequentemente chamado de meditação secular para nenhum dogma é necessário e desenvolve a mente em mover meditação simplesmente praticando movimento em atenção.

"Taqui não é nada fora de si que possa permitir que você melhor, mais forte, mais rico, mais rápido ou mais inteligente. Tudo está dentro. Tudo existe. Não procure nada fora de si mesmo. MiyamotoMusashi

"Você só pode lutar do jeito que pratica" ~Miyamoto Musashi

Prática

Postura campeã

Na prática taiji existem muitas ideias que podemos integrar em nossa práticas mente/corpo e, finalmente, em nosso ser. Podemos integrar ideias ou energias em nossa prática focando em um aspecto de cada vez durante nossa prática e integrando muitas ideiasand energias em conjunto. O mesmo pode ser dito dos princípios de Thoth; cada um pode ser fundamental por si só para contemplação,, exploração e aplicação. Cadaconceito pode ser unido e combinado de modo a destacar nova direção e novo padrão de aprimoramento..

Com alquimistas externos, houve um resultado final que foi procurado. Os alquimistas externos procuraram transmutar chumbo para o ouro. Os processos externos têm um produto acabado e um resultado final. A alquimia interna é contínua, o refinamento alquímico interno do chumbo ao ouro é infinito, não há fim para o refinamento do trabalho interno, das artes internas, da alquimia interna, da expansão da nossa compreensão e relação com Taiji.

A melhor maneira de focar em qualquer lição e/ou integrar muitas lições é engajar a atenção em uma postura ou movimento simples que você já praticou antes e está familiarizado. Parte do benefício de praticar Taiji é passar pela humilde confusão de aprender e refinar um form, e não pode ser negligenciado que a confusão é parte benéfica do processo. E ainda pós-confusão há are muitas posturas reconhecidas que os praticantes refinam infinitamente por causa de sua simplicidade e por terem praticado com tanta frequência parte dela pode ser automática e parte atenta ao recognized refinamento..

"Sejade aço embrulhado em algodão. " Expressão taiji

Thoth energia está relacionado com o anjo Metatron anteriormente Enoch antes de receber seu nome angelical. O Cubo de Metatron é uma formação geométrica sagradaical que começa com um Merkaba. O Merkaba é duas pirâmides contrastantes de quatro lados,ou tetraedros. Um é ereto e o outro está de cabeça para baixo. O Merkaba no Cubo de Metatron é como uma combinação de esquartejos no círculo e circulando o quadrado, uma pirâmide física e uma pirâmide espiritual ou energética. Quando nossos físicos e espirituais estão em equilíbrio, podemos ser criativos como Thoth, e estar no controle de nossa própria natureza. O Merkabah simboliza nosso corpo espiritual, e a integração da espiritualidade e fisicalidade, do cósmico e atômico.

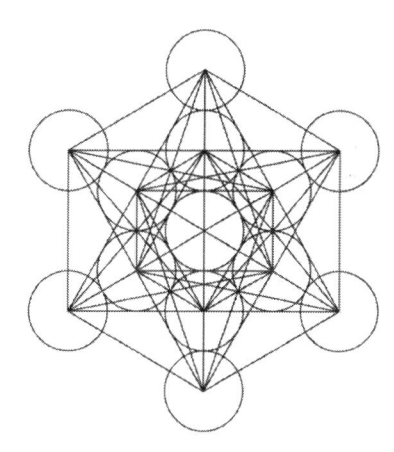

Às vezes, situações de complexidade podem nos derrubar. Quando estamos presos em um vale emocional é difícil simplesmente mudar de ideia, difícil simplesmente decidir estar bem. Um gatilho é muitas vezes necessário. Um gatilho onde a mente e o corpo se envolvem mutuamente. A mente governa, mas o corpo deve estar em uníssono com a mente para incorporar lições e decisões. Incorpore sua mente ao longo de sua totalidade, mudando a mente com seu corpo.

Fique ereto ou em Posição de Cavalo,, no modo Taiji, sendo de aço envolto em algodão. Sendo estruturado com maciez, incorporando Yin e Yang. De uma maneira descontraída, mas emotiva, levante as mãos acima da cabeça como se tivesse acabado de ganhar o jogo, como se tivesse fechado o acordo, e como se tivesse beijado a garota por quem teve uma queda por meses.. Imagine a euforia de ganhar!

Levante as mãos sobre a cabeça, no modo Taiji com articulações desbloqueadas, em relaxamento estruturado, como se você tivesse acabado de ganhar. Taiji, como alquimia, é mais sutilmente sobre previsíveisressísosquímicosem direção aos refinamento. Essa postura incorpora o estado mental do campeão e transmite-o para o nosso ser criando transmutação positiva. Estar nessa postura engana a produção de campeonatos químicos,squanto mais longo o período e mais entusiasmo retratado, mais benéfico. Como a maioria dos truques químicos de Taiji, nós envolvemos uma resposta química menor do que em campeonato real, em umasituação onde você realmente ganhou, mas também estamos queimando menos dos outros produtos químicos e estamos relaxados no modo Taiji para que a menor porcentagem de produtos químicos produzidos possa ir longether e ser circulado mais profundamente. Tente estar na postura campeã por um minuto e construa de lá até dez, e até vinte minutos no modo Taiji relaxado e emotivo. Lembre-se que umminuto ou dois podem oferecer resultados, com o estado mental correspondente.

A equipe que perde para os campeões ou aqueles que estão passando por estresse e ansiedade, sejam súbitos ou contínuos, tendem a levantar as mãos para a cabeça e fechar as mãos sobre suas cabeças. Tente não induzir a produção química correlacionando-se com o fechamento e perdendo segurando as mãos para a cabeça de forma ansiosa ou perdida. É outro exemplo de como ser aberto e integrativo é mais dinâmico e mais benéfico do que estar fechado.

"Saber significa gravar em sua memória; mas entender significa misturar com a coisa e assimilá-la a si mesmo." ~Provérbio egípcio

Conhecimentoé aprender algo novo todos os dias. Sabedoria é deixar de lado algo todos os dias. " ~Provérbio Zen

Vibração

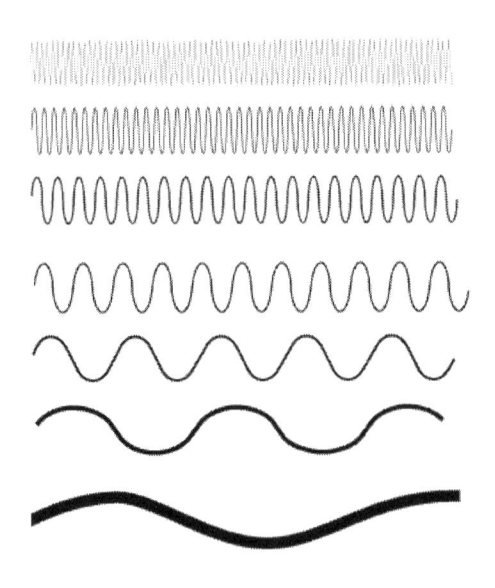

Tudo está emfluxo, um movimento **fluindo de Yin e Yang.**

"No início era a Palavra, e a Palavra estava com Deus, e a Palavra era Deus. "
~João 1:1

Uma das formas mais importantes de movimento em Taiji, resultando em alguns dos potenciais mais generativos é a implementação de alavancagem. Alavancagem é o tipo de movimento ou vibração que exibe energias coarising, correspondentes, Yin e Yang. Alavancagem é a energia vibracional da correspondência é mais básica demonstrada no impulso e puxar o movimento mutuamentely decorrente de remar em um rio, por exemplo.

Thoth era conhecido como o "coração e língua de Ra". Os aspectos mais vibrantes do nosso ser são certamente nossos corações e línguas. Algumas histórias descrevem como Thoth trouxe a palavra de Deus para a realidade, a vibração da existência em manifestação através do Ogdoad dos Oito Neters. Nossos corações e nossa voz são baseados em vibração e movimento. A vida é baseada na vibração e movimento do nosso coração e da nossa voz, snossa vontade.. Nossa vontade é de fato tão poderosa que é possível para nós simplesmente sussurrar as palavras certas e demonstrar cuidado no momento certo para mudar completamente. São nossas línguas e corações que realização a maior alavancagem com a menor saída.

"Use quatro onças para mover mil libras." ~Expressão Taiji

O potencial de usar quatro onças para mover mil libras illustrates algumas das maiores energias Taiji e está em sua representação mais simples um movimento de alavancagem. Movimento é vida, mais especificamente vibração através do movimento melhora a vida. A vibração, em última análise, muda a forma de uma forma ou de outra, em profundidade de tom ou em tempo ou de várias maneiras, ilustrandoing a ideia de eumpermanence. A alavancagem aumenta a eficiência do movimento.

A vibração é a chave para prolongar a vida e instigar a cura e o fortalecimento.. Vibration está sob a regra de ir e vir. No Hinduísmo, o Símbolo de Aum é conhecido como o Unstuck Sound. Aum geralmente precede e é incluído na maioria dos mantras falados. A ideia do Som Unstruck é semelhante ao The All e ao The Tao. Quando um som normal é feito é uma vibração que vem e vai, The Unstruck Sound, The All, ou The Tao não tem tal começo e, portanto, não tem fim. O símbolo de Aum é composto por quatro partes principais como o símbolo Taiji, mais simplesmente em sua anunciação de quatro sons, A, U, M e silêncio..

Há limitações para a vibração potencial que podemos ser capazes de sentir e emitir dependendo da formação do nosso ser, dependendo dos padrões que estabelecemos e dos refinamentos que incorporamos.. Os refinamentos podem vir da mudança ou contemplação, mas algum tipo de repetição tem que estar envolvida paran refinamento.

"A diferença entre o mestre e o aluno é que o mestre falhou mais do que o aluno já tentou." ~ Expressão Taiji

Há muitas maneiras de nos refinarmos, para aumentar nossa potencial gama de vibração. Há também muitos formatos de institucionalização que afirmam fazê-lo. A razão pela qual existem tantos estilos individuais diferentes de Taiji é porque é uma arte de individuação. Qualquer grupo que exija comportamento monotemático ou ardena ao mesmo tempo em que promove sua capacidade de desenvolver o eu não é genuíno. Taiji desenvolve você, não você como um (inserir rótulo institucional aqui)ist.

Taiji integra extensão e compressão de movimento, pensamento erespiração em sua própria forma e fluxo únicos. Taiji incorpora relaxamento e concentração de movimento, pensamentoe respiração.ing A própria prática desenvolveo ar comprimido, a tradução literal do chi, através do movimento vibratório com as qualidades taiji acima mencionadas.

O processo de aprendizagem da prática taiji é extremamente difícil potencialmente causando desinteresse e frustração. O processo humilde de aprendizagem e a confusão palatável resultante do aprendizado e refinação de uma série de movimentos pressuriza o sistema, principalmente a capacidade mental. O processo de horas extras permite a expansão do potencial, aumento da força e vitalidade, tendo passado e além dos obstáculos de aprender novos processos e padrões de pensamento e ser.

Vibração e movimento promovem longevidade e vitalidade. O equilíbrio também é necessário para se vibrarmos a taxas de picos imensos e o estresse de vales profundos pode resultar. Equilibrar a oscilação de nossa vibração,controlar nossos altos e baixos mentais, emocionais, físicos e espirituais pode ser realizado simplesmente prestando atenção aos nossos limites na oscilação de nossa vibração, e contrastando os altos e baixos,relaxando. Quanto mais estamos acostumados s a estressoressemelhantes, apenas em quantidades descontraídas, como aquela experimentada na aprendizagem e na prática de Taiji,, mais podemos encontrar estabilidade mesmo em movimentos intensos ou situações intensas..

"Tudo o que sofre é sensato; tudo o que é sensato sofres. " *~O Divino Pitão de Hermes*

No mundo de equilíbrio em Yang e a sensibilidade da modalidade material é vista principalmente como uma desvantagem, uma impedimento para carregar. Em Taiji buscamos desenvolver e melhorar nossa sensibilidade. Na verdade, Taiji é frequentemente chamado de treinamento de sensibilidade. Quando somos altamente sensíveis aos mundos interno e externo, com vibração equilibrada,, podemos sentir melhor o que está acontecendo dentro e fora e, em seguida, encontrar a melhor maneira de realizar o que é apropriado na determinada situação.

Sensibilidade é um dom. Quando somos sensíveis a vibrações mais sutis, em modalidade equilibrada, perceberemos melhor a realidade e encontraremos situações mais adequadas para estar, indivíduos e conceitos mais adequados para identificar. Quanto maior a nossa consciência, maior será a ressonação potencial com diferentes níveisde percepção. Todos os indivíduos ressoam com nossa própria modalidade e o entorno do coletivo. Nosso entorno nos influencia, mas como influenciamos a nós mesmos?? Com o que nos alinhamos ou ressonamose with no mundo? Quanto mais refinamos nossa modalidade, mais níveis de consciência somos capazes de ity sentir,e mais vibrações sutis ganhamos sensibilidadee podemos então nos alinhar..

Taiji aumenta nossaimaginação, nossa sensibilidade à vibração e transforma nossa percepção. Taiji usa a imaginação para causar ressonação com relaxamento e ressoação com empoderamento. Parte de Taiji está imaginando oposição. Parte da razão pela qual fazemos isso é instigar uma vibração dentro de nós mesmos,uma vibração de estímulo em que superamos a oposição..

Somos tão fáceis de enganar, podemos nos enganar. Se imaginarmos confrontar nosso inimigo em uma troca física enquanto praticamos um Taiji formamos nossos corpos começam a vibrar de forma diferente, a tornar-se quimicamentediferente, para estar cada vez mais cheio de potencial e chi. Nossos próprios corpos podem ser enganados por nossas próprias mentes para mudar nossa vibração, quimicamente e assim por diante. Podemos nos enganar para estar em um estado mais alto de vibração através da imaginação de superação da oposição.

A maneira mais eficaz de melhorar sua consciência e elevar sua vibração, quimicamente ou não, é utilizando sua imaginação e alinhando nossas vibrações mentais, emocionais, físicas e espirituais em direção ao que ressoa de forma positiva e não negativa. Imaginação, sensibilidade e percepção podem ser transformadoras na prática.

Nunca se pode aperfeiçoar a forma taiji, mas pode-se sempre refiná-la mais. Vibração e movimento nunca são os mesmos, podemos subir ou descer em nossa modalidade. Por isso, é importante utilizar a imaginação para seguir o caminho operacional, não a direção negativa. Se você não está treinando, você está sendo treinado. O movimento (e a quietude) através das posturas de Taiji, bem como os sistemas de yoga permitem o treinamento de repetição para aprimoramento.

Yoga e Taiji compartilham muitos componentes. Os Oito Membros do Yoga abaixo ilustram o processo de ascensão. Na prática há repetição erefinamento, há um aumento na frequência, há um processo de ascensão.

"Você não pode atravessar o mesmo rio duas vezes. " ~Heraclitus

Oito Membros de Yoga

Samadhi: União com o Divino

Dhyana: Devoção, Meditação sobre o Divino

Dharana: Concentração e cultivo da consciência perceptiva interior

Pratyahara: Controle dos sentidos

Pranayama: Exercício de respiraçãos

Asanas: Posturas corporais

Niyama: Observâncias pessoais

Yama: Moralidade universal

Um discípulo disse ao seu professor: "Mestre, eu alcançei o seu Tao. Eu posso fazer sem fogo no inverno, eu posso fazer gelo no verão.

"Você simplesmente aproveitar-se do calor latente efriolatente", respondeu o mestre.

"Isso não é o que eu chamo Tao. Eu vou demonstrar a você o que o meu Tao é. "

Em diante, ele ajustou dois alaúdes e colocou um no corredor e o outro na sala adjacente. E quando ele bateu uma nota emum, a mesma nota do outro soou. Quando ele bateu a nota seguinte,, a mesma nota do outro soou. Isso é porque ambos estavam sintonizados no mesmo tom. Mas se ele mudou o intervalo de uma corda para que ele não mantivesse mais seu lugar na oitava e depois o atingisse, o resultado foi que umllas 25 cordas se juntaram. Havia som comoantes, mas a influência da tônica se foi. ~Conto parafraseante de *Reflexões de Um Místico Chinês,* Chuang Tzu

Modos mais elevados de vibração devem ser buscados ressonando com a natureza e buscando conceitos mais elevados do que mais baixos. Alguns osf modos mais elevados de vibração são entregues via Taiji, Yoga, meditação e técnicas simples de respiração e em s antrass eloquentes, bem como algumas das piadas e humor mais básicos que resultamna vibração do riso,e nos momentos mais extasiados do orgasmo vibratório. Os modos de vibração no riso e orgasmo retratam o poder curativo das vibrações em nosso sistema.

A capacidade de transformaro estado vibracional é exemplificada na experiência de ficar quente quando ficamos nervosos. Equilibrar nossas vibrações internas permite o controle de mais de nossas faculdades começando com dizer não superaquecimento no nervosismo. Na verdade, nosso estado mental e emocional impulsiona nosso ser físico. É apenas uma questão de encontrar equilíbrio e controle para implementar tal potencial para ser controlado e benéfico. beneficial.

Prática

Tremendo

Há muitas formas de vibração. A vibração começa simplesmente como movimento e som. Taiji é a prática primordial e final de individuação e os movimentos instigam vibração de energia e ar comprimido resultando em circulação/movimentode nossos fluidos corporais, e os gner mais sutis através do nosso sistema. Alguns dos movimentos são avançados, alguns são completamente primitivos e simples.

A vibração de nossos músculos,sinews e órgãos internos fortalece e anima nossas regiões sutis e fracas e atinge áreas de criticidade onde a circulação é tipicamente difícil de fluir.. Existem muitos movimentos e práticas em Taiji e relacionados ao Taiji que são simples e primordiais e ainda se envolvem em resultados altamente benéficos que de outra forma seriam complicados de recriar. A prática de efetivar a manutenção da densidade óssea e, ao mesmo tempo, criar flexibilidade de sinew é um exemplo.

O tremor é uma dasji práticas mais primitivas do Tai ji e um dos movimentos mais primordiais. O tremor instiga uma disposição saudável e é capaz de curar traumas físicos e psicológicos. Se um animal passa por um evento traumático no qual fica chocado com o ataque de outro animal, mas ileso, ele literalmente vai sacudi-lo. Depois de sacudir o animal é então capaz de seguir em frente além do trauma. Humanos são animais e humanos também são capazes de sacudi-lo e sacudi-lo.

O aspecto de agitação é totalmente transformador automaticamente após um certo período de tempo exatamente da mesma maneira que todos sentem uma onda química chamada alta do corredor após cerca de vinte minutos ou mais de corrida. Vinteminutos de execução de respostas químicas automáticas são instigados dentro do corpoy para aumentar nossa vitalidade, para permitir e prolongara saúde. O corpo é enganado para pensar que estamos fugindo de um animal atacante ou que precisamos de um impulso químico para alguma outra situação séria.

O tremor permite a circulação química de fluidos corporais e a transformação, ou melhor, coalescence das essências. Os produtos químicos e as essências do corpo dentro de nós passam por um processo de coleta juntos enquanto tremernos e depois liberamos através do sistema. Tantien pode ser traduzido livremente como centro de energia. Abaixo de nosso umbigo está o tantien do nosso corpo,yet cada parte do nosso corpo tem seu tantien ou seu centro, bem comosua essência química. O tantien pode ser compreendido como o centro físico/energético,o núcleo e a essênciaquímica de uma coisa ou ser. Sacudir anima as essências de nossos corpos.

A prática de agitação consciente e enérgica sacode-a,s agita-a e agita-a por todo o nosso ser. O tremor é feito não saltando para cima, mas torcendo para baixo. O tremor coalesce and talvez purifica as essências químicas de nossos corpos e oferece oportunidade para o reset de nossa química. Essencialmente enganamos o corpo para produzir os produtos químicos necessários durante ou após uma corrida, mas porque estamos mais relaxados do que executar os produtos químicos produzidos podem fluir de forma maior.

A vibração de agitação consciente pode ser comparada ao tremor de uma amostra de sangue em uma haker hermeticamente selada, a fim de separar as essências para que a amostra possa ser testada com mais precisão. Tais agitadores químicos purificam as essências através da vibração, através de agitação. Agitar agita as essências. Todos os laboratórios hoje têm agitadores onde recipientes hermeticamente fechados são colocados e abalados para revelar melhor as essências.

Laughter, orgasmos, e caminhada/corrida todos produzem vibraçõess energéticas, mas muitas vezes não são praticados de forma consciente,, conscientes de reter nossa energia e governar os efeitos adequados para serem mais benéficos . O tremor estimula o processo de liberação de produtos químicos de uma forma que utiliza o alto do corredor de uma composição química totalmente alterada. Quanto mais conscientes dos princípios e postura de Taiji somos à medida que praticamos, melhor, mas o resultado é basicamente automático.

Praticar esse movimento meditativo taiji aterrado potencializa nossa composição química de maneiras dinâmicas, pelo menos three. Sacudir nosso corpo de uma maneira aterradora produz o mesmo efeito que sacudir um frasco hermeticamente fechado em um laboratório. Isso catalisa as essências de nossos corpos. O processo simplesmente fortalece nosso sistema muscular e de órgãos para lidar com o movimento e a gravidade. E o processo imita os efeitos da corrida – embora inteiramente sem o estresse potencialmente criado a partir da execução instigando a produção ou liberação de produtos químicos também.

Como o nível de esforço e estresse é consideravelmente menor do que o da corrida e porque a produção química ocorre em níveis dependendo do tempo praticado não exercendo envolvido, ganhamos grande benefício (vinte minutos sendo um grande período de tempo para mirar) o fluxo de energia e produtos químicos pode ser mais quantificável porque nenhum é necessário is needed to para dedicare à recuperação da própria corrida e no relaxamento consciente é o aumento da circulação..

Lembre-se enquanto pratica Taiji tremendo que você é umare vocêrmesmouma representação do símbolo Taiji. Abaixo da cintura está predominantemente Yang e acima da cintura está predominantemente Yin. Raiz no chão combinando elementos Yin e Yang de forma consciente, relaxado, mas estruturado. Faça isso por alguns minutos no início e trabalhe seu caminho até vinte minutos de Taiji tremendo para a transformação alquímica total de sua energia.

É simples assim. Root, relax e shake. Muitas vezes as pessoas podem se misturar saltando e tremendo. Tremer parece muito com saltos,, mas estamos torcendo no chão não saltando fora dele. Considere tentar sacudir as paredes através do chão ou da árvore através do chão.

"O verdadeiro ensino não é um acúmulo de conhecimento; é um despertar da consciência que passa por fases sucessivas. " ~Provérbio egípcio

"Nada dura para sempre" ~Provérbio Egípcio

"Isso também vai passar." ~Provérbio Budista

Polaridade

Tudo tem sua polaridade, assim como seu contraste, polaridade sutil.

"A realidade final é melhor descrita pelos números e por sua interação." *O Livro de Thoth*, Aleister Crowley

Os números sãosimbólicos para quantit ies, obviamente e mais sutilmente, são simbólicos para qualities. Os números são símbolos que são inexistentes, nonexistent, mas possuem tanto potencial simbólico a ser que auxiliam na compreensão de infinitos sujeitos e objetos.. Toda a interação dos números é no seu mais básico um contemplaisobre a quantidade via aritmética. E a interação adicional de números, e do simbolismo numerológico, como nas The cartas numerológicas simbólicas de tarô, ou no I-Ching, contempla quantidades e qualidadesies de energia.

As quatro operações de aritmética são talvez baseadas, ou pelo menos retratam a mesma ideia que o Polarity Principle. Adição e divisão são a polaridade mais aberta, enquanto multiplicação e divisão são a polaridade mais secreta. Em Taiji uma polaridade é sempre mais óbvia e grosseira e a polaridade secundária é maissutil, também conhecida como a maior e menor Yin e Yang.

Uma das regras mais importantes em Taiji é nunca ser dupla-ponderada. Nunca tenha seu peso colocado igualmente, tenha sempre uma perna segurando mais peso do que a outra, umlways mantenha um lado Yin e um lado Yang começando com distribuição de peso. Isso serve a inúmeros propósitos e cria a polaridade da formação positiva e negativa, Yin e Yang do corpo que reflete a mesma mecânica da eletricidade só que somos seres bioelétricos, não máquinas. Mais sutilmente temos uma mão passiva e mão ativa dependendo do movimento.

Outro princípio do Taiji é que em cada movimento há uma energia principal ou dominante e que há todos os outros tipos de energia em alguma forma, ou quantidade ou mais provável uma quantidade potencial, no movimento também. Existem oito energias principais em Taiji, cada uma das quais é uma energia dominante em alguns movimentos alguns com nomes compartilhados do próprio energy. As quatro primeiras das seguintes são conhecidas como as principais (cardeais) direções e as últimas quatro são os conhecidos como movimentos de canto.

Oito Energias ou Portões de Taiji

1. Ward Off - Peng

2. Roll Back - Lu

3. Imprensa - Ji

4. Push - Um

5. Pull Down - Tsai

6. Split - Lieh

7. Cotovelo - Chou

8. Ombro/Magro – Kao

Taiji practice, simbolismo e filosofia taiji não é de todo sobre opostos. Taiji e todos os símbolos relacionados retratam polaridades e contrastes. Polaridade não é exatamente sobre opostos. Às vezes, a polaridade funciona entre os opostosreais, mas com mais precisão a prática de Taiji e a ideia do Princípio daolaridade P é sobre unificar e complementar polaridades, contrastes.

Talvez as duas energias mais comumente expressas na prática de Taiji sejam Rollback e Ward Off. Asenergias podem ser expressas ou entendidas como opostas,s, mas são contrastes mais precisos. A reversão rende o espaço e Ward Off ocupa o espaço, porém ambos os contrastes podem resultar no efeito de bloquear ou bater, ou o que você tem, apenas através de diferentes energias.

O mesmo acontece com os princípios de Thoth. Cada um possui a energia e a lição dominantes, bem como contém os elementos ou energias dos outros. Talvez umdos princípios esteja mais obviamente contido nos outros do que o Princípio da Polaridade. O Princípio da Polaridade não é o princípio dos opostos, mas de contrastes,contrastes de quantidade e qualidade.

"Duas tendências governam a escolha humana e o esforço, a busca após quantidade e a busca após a qualidade. Eles classificam a humanidade. Alguns seguem Maat, outros buscam o caminho do instinto animal." ~Provérbio egípcio

O Princípio da Polaridade é basicamente as lições mais conhecidas e óbvias do símbolo Taiji, bem como uma das mais limitantes através de seu mal-entendido, através da utilização de opostos construídos em vez de contrastes observados.. Com opostos, as pessoas podem ficar unilateralmente e, portanto, polarizadas, ou se separando. Ser unilateral leva a ser polarizado pois existe ou se torna de um jeito e de outras formas erradas causando a separação. Com contrastes há unidade e compreensão aprimorada. Não há frio sem calor, e não há relação sem pelo menos dois lados, e ainda assim macho e fêmea não são opostos, mas sim contrastes complementares.

O símbolo taiji não é corretamente o símbolo Yin Yang. Chamá-lo reforçou o equívoco de que ele tem apenas duas partes em uma polaridade. O símbolo taiji é na verdade o símbolo Major Yin, Major Yang, Minor Yin e Minor Yang. O Taiji simboliza a polaridade e a construção da polaridade secreta.

"Se você quer ser um grande líder, você deve aprender a seguir o Tao. Pare de tentar controlar. Solte planos e conceitos fixos, e o mundo se governará. Quanto mais proibições você tiver, menos virtuosas serão as pessoas. Quanto mais armas tiver, menos pessoas seguras serão. Quanto mais subsídios você tiver, menos pessoas auto-confiantes serão. Portanto, o Mestre diz: Eu solto a lei, e as pessoas se tornam honestas. Eu deixei de lado a economia, e as pessoas se tornam prósperas. Eu solto a religião, e as pessoas se tornam serenas. Eu solto todo o desejo pelo bem comum, e o bem se torna comum como grama. " ~Lao Tzu, *Tao Te Ching*

Há todos os tipos de polaridades ,tantas que muitas vezes sustentamos ideias baseadas em polaridades ou opostos percebidos onde não havia, na realidade, opostos reais nem polaridades.. A consideração da polaridade real através de contrastes pode permitir a expansão da consciência, assim como a consideração da sutil polaridade secundária. Se projetarmos opostos, tendemos a limitar e separar.. Se considerarmos contrastes, podemos apenas unificar.

De todas as polaridades reais existem, talvez as mais importantes, e mais reveladoras da natureza mutáveis da polarity, é a polaridade do conhecimento e da ignorância, ou mais especificamente, a fim de explorar o conceito corretamente, a polaridade do conhecido e desconhecido.

Polaridade não é baseada em opostos, mas contrasta em fluxo. Os contrastes destacam a conceituação e inspiram a consideração de uma ampla gama de ideias. O contraste de conhecidos e desconhecidos revelas um modo convincentel em relação a qualquer assunto ou objeto que se esteja contemplando, e sugere os níveis de potenciais contrastes.. One poderia saber quase nada e pode-se saber muito dependendo do nível de contraste..

Conhecida e desconhecida como polaridade não é transformadora o suficiente, não é completa, por si só é uma polaridade estática.. A fim de transformar a polaridade conhecida e desconhecida, e qualquer polaridade estática simplesmente integram a polaridade sutil e secundária. Tele a polaridade sutil secundária aumenta a conceituação de conhecidos e desconhecidos, e à medida que as rodas de consideração começam a agitar, melhora o que você sabe.

Conhecidos conhecidos coisas que sabemos que sabemos.

Desconhecidos Coisas que não sabemos que não sabemos.

Conhecidos Desconhecidos Coisas que estamos conscientes de não saber.

Desconhecidos sabe coisas que estamos inconscientes de saber.

A dinâmica do secundário e sutil polarity é transformadora e expansiva no que diz respeito aos quatro tipos de informação, mas, além disso, quando aplicada a praticamente qualquer objeto, assim como a aritmética, expande a compreensão, bem como melhora a aplicaçãopotencial.. Para evert polaridade expressad háuma polaridade secreta.

Há outra polaridade, de aspectos claros e sutis, que é funcional e ainda mais esotérica do que os sujeitos da aritmética e do conhecimento/ignorância. Essa polaridade revela os aspectos mútuos decorrentes da compreensão de The All ou The Tao. Há ad polaridade externa interna d do você o indivíduo com a totalidade da criação, o microcósmico e cósmico. Na polaridade acionária do interno e externo está a polaridade sutil secundária do mortal e do eterno.

O nada mais se aproximada eternidade. O Nirvana é o nada que está além dos contrastes de nascimento e morte, e de encontrar umaparte. O Nirvana é o nada além da polaridade e ser assim não tem o oposto. No entanto, a criação, como conhecemos, é referida como Samsara, onde tudo está polarizado, obviamente nascimento emorte, existência e não-existência. Não há contraste do Nirvana, mas Samsara é muito parecida com o seu contraste..

A polaridade da existência e da inexistência é provavelmente a polaridade final, e apesar do ensinamento de que o Nirvana não é como o Samsara, a existência física da polaridade, e o Nirvana não pode ser polarizado, há um e o outro.. Como indivíduos, contivemos um aspecto do universal da mesma forma, emSamsara um aspecto do Nirvana.

Enquanto all está em The All, é igualmente verdade que The All está em tudo. Para aquele que realmente entende essa verdade veio grande conhecimento. " ~*O Kybalion*

Em Taiji Yang a energia é direct e ilesa, enquanto a energia Yin é indireta e oculta. Da mesma forma, a energia yang é ininterrupta e a energia Yin é quebrada. Yang está ativo, Yin é passiva. Isso certamente explica por que a polaridade sutil, Yin é muitas vezes oculta obscurecida ou oculta, Yin representa o oculto.

Thoth é o geômetro definitivo para medir e criar neste mundo de Samsara, e Thoth também está no medidor das escalas para o Nirvana. Thoth equilibra e cria/transmutes assim como a potencialização energética do Tao do infinito e do finito. Quando pensamos simplesmente em termos de dualidade ficamos presos ao pensamento através de opostos que servem para dividir. Quando pensamos em termos de polarity em contrastes, encontramos a sutil polaridade secundária e potencialmente transcendem a conceituação limitante.

Vocênão é uma gota no oceano. Você é o oceano inteiro em uma gota. " ~Rumi

"Há apenas duas operações possíveis no Universo, Análise e Síntese. Dividir e unir. Resolver et coagula: disse os alquimistas. Se alguma coisa for para ser alterada, qualquer um deve dividir um objeto em duas partes, ou adicionar outra unidade a ele. " ~*O Livro de Thoth,* Aleister Crowley

Resolver et coagula literalmente significa separar e coagular. O termo alquímico implica compreensão dos elementos e, portanto, a remoção de não essenciais ou aspectos negativos, e a infusão dos aspectos de maior grau e maior qualidade.

Quando estamos em nossa verdadeira natureza, podemos dividir quais partes não são nossas e florescer melhor os aspectos individuais que de outra forma estão escondidos sob os padrões negativos adotados apresentados por instituições não aspects unnaturalnaturais, controladoras. Quando estamos em nossa própria natureza verdadeira percebemos que o poder do cósmico está dentro do nosso ser microcósmico. Somos toda a verdade, apenas alguns de nós estão sob inverdades mais antinatural.

"Um exército estava se aproximando da cidade e todos fugiram, exceto por um mestre zen. O general do exército se aproximou do homem que aparentemente estava indo sobre seus negócios. O mestre Zen não tratou o general com o respeito desejado e o general abalou uma ameaça: "Seu tolo, você não sabe que eu poderia pegar minha espada e passar por você sem bater um olho?" O mestre Zen olhou o general nos olhos e disse: 'Seu tolo, você não sabe que eu poderia tomar sua espada e ser roubado embora sem bater um olho?' ~Zen Tale

Prática

Nunciação/Reintegração e Evaporação/Condensação

A fim de blossom em nosso truth, a fim de estar alinhado com a nossa verdadeira natureza, é essencial que revogemos e renuncie ao artificial tanto quanto possível. É igualmente necessárioreinga integre o natural tanto quanto possível.. Existem inúmeras maneiras de conceber e aplicar isso dependendo da sua capacidade individual. capability. Em termos mais simples, o equilíbrio e a harmonia refinada são obtidos através da revogação da não natural e reintegração do natural.

Eu n os termosmais simples que as instituições tentam imitar o potencial individual de reintegração e revogação e até mesmo o enredo dessas operações e, assim, controlar tal desenvolvimento e falta dele. O exemplo mais óbvio da adoção da reintegração e da revogação para o controle de indivíduos é visto nas instituições religiosas,, mas a adoção desses processosnãose limita às religiões.

Há todo tipo de instituições. e programação de institucionalização que podemos conscientemented renunciar. Uma forma de compreender quais instituições renunciar é observar se operam em opostos ou em contrastes. Investigar se a instituição em questão opera de forma monotemática. Quanto mais absolutista uma instituição ou indivíduo, mais suspeitam de sua perspectiva. Todos os meus professores taiji sempre procuraram melhorar sua prática e integrar novas ideias. Taiji é tão individualizado e tão variado porque não é monotemático.

A renúncia e a reintegração podem ser implementadas ativamente, externamente,, na meditação,internamente. A fim de encontrar maneiras para reintegrar sua verdadeira natureza teste sua capacidade de manter o foco e provar a distração que outros causam se você está meditando ou praticando alguma forma de arte ou atletismo na frente das pessoas. Note como eles te influenciam. Tente prestar mais atenção em como você é dirigido sutilmente e sua verdadeira natureza será cada vez mais revelada. Através da renúncia e da reintegração, reintegration mudamos efetivamente nosso eu e o surroundingsentorno.

Imagine conhecer Thoth. Como a energia de Thoth, o geômetro dos geômetros, os escritores dos escritores, o conselheiro dos deuses, mediriam seu ser? Contemplo estas três perguntas:

O que eu fiz que estava alinhado com a natureza hoje??

O que eu fiz que não estava alinhado com a natureza hoje??

O que posso fazer para melhorar minha mod ality naturale renunciar ao amanhã não natural?

Todos nós adotamos traços de artificialidade resultando em distração, ume todos nós fomos ensinados desinformação para nos enviar em desorientação. No entanto, todos nós somos capazes de reintegrar nossa truth e estar mais sintonizados com a natureza, e ao mesmo tempo revogar a artificialidadeque adotamos. É discutível que o valor das instituições se baseia no imperativo de encontrar renúncia e reintegração que, naturalmente, só é realizada pelos indivíduos para si.

Asasde braço S

É possivelmente o movimento humano mais simples com possivelmente as relações mais atléticas e aplicações de movimento. Umrm balançando ou tocando o sino és o movimento taiji mais comumente pré-formadoe muitasvezes o primeiro praticado para o aquecimento para Taiji ou para o dia. É chamado de balanço de braço, mas tente tepentear você está sem braço e tem movimento nas pernas. O balanço de braço é seu próprio movimento, it's é mesmo prática própria, mas está essencialmente em cada postura de Taiji. Está entre os movimentoss de st simplese pode a princípio parecer inútil e inaplicável, mas é um movimento altamente eficiente para o aquecimento e para explorar o aspecto físico da polaridade que pode ser conceitualizado como evaporação e condensação.

Essencialmente, balançamos os braços de um lado para o outro enquanto derramamos nosso peso de um pé para o outro de forma relaxada e atenciosa. Se derramarmos nosso peso de um lado/perna para o outro enquanto balançamos suavemente os braços para o mesmo lado, tomamos o espaço como água derramando para a frente. Esta maneira ininterrupta é uma relação Yang com o movimento. Se derramarmos nosso peso de um lado/perna para o outro enquanto balançamos suavemente nossos braços para o outro, way cedemos o espaço como se evaporasse água. Esta maneira alternada ou quebrada é Yin em relação ao movimento.

Esse movimento de ida e volta é simples e ainda pode ser desenvolvido de formas profundas. A transição de Yang para Yin e Yin para Yang (depois de estar em um ou outro por um tempo) apresenta uma oportunidade maravilhosa para abrir o corpo enquanto libera produtos químicos benéficos de dentro do nosso próprio sistema e tensão em movimento em uma modalidade relaxante. .

O balanço de braço é one dos movimentos humanos st simples e é um dos elementos mais fundamentais de Taiji. O balanço do braço é essencialmente refinado em um formato ou outro nas posturas taiji mais articuladas. Antes de começar o braço balançando imagine que você está sem braço. Como taoísta é essa instrução? Movemos nosso corpo e nossos braços se movem com nosso centro, nosso tantien..

Idealmente queremos nos mover como um bebê, ou seja, sair do nosso intestino de uma maneira totalmente relaxada. Você já segurou um bebê e o jovem,gostando do seu ser, rindo, te dá um soco na cabeça? Em Taiji há a ideia de que queremos socar como um bebê, sem impedimentos, sem preconceito, e de nosso intestino. Um bebê também se expressará vocal e facialmente sem impedimentos e de seu intestino. Se um jovem tem um estômago perturbado pode ser bastante visível nas expressões faciais. Soco como um bebê, totalmente relaxado.

"O movimento está enraizado nos pés, gerado nas pernas, controlado pela cintura, e funciona através dos dedos. Os pés, pernas e cintura devem sempre agir em uníssono, a fim de se mover com precisão e ganhar uma vantagem. " ~*A Teoria de Taijiquan*, Zhang San-Feng

Se nos movermos de nossos pés no processo demonstrado acima, movemos todo o nosso ser do zero, se apenas movermos nossos braços não é o braço balançando nem é taiji refinado. O balanço de braço é o movimento humano mais simples que a maioria de todos já fez em um momento ou outro, seja propositalmente ou instintivamente. O balanço do braço é o primitivo que as pessoas só vão fazer, às vezes não totalmente conscientes de que estão fazendo isso.

De todas as variações que podem ser aplicadas ao balanço do braço talvez o conceito envolvente seja conceber ou imaginar que enquanto nos while movemos podemos ceder o espaço ou manter o espaço, ser Yin ou Yang. Nossos braços avançam na modalidade Yang e para trás no modo Yin. O braço balançando includes tocando seu núcleo como você pratica causando vibração em todo o sistema, incluindo nossos órgãos, de forma sutil e positiva.

Tente serduplamente ponderado. Sempre que você está em pé e sempre que você está praticando Taiji você nunca deve ter o seu peso distribuído 50/50. Uma perna tem mais peso e mais tensão. Uma perna é Yin e uma é Yang, ou uma exhibsua energia feminina e a outra energia masculina. Somos como baterias com positivo e negativo, ou feminino e masculino, física e energeticamente. Os contrastes se unem para criar poder potencial. À medida que balançamos os braços de um lado para o outro de uma maneira suave, derramamos a maior parte do nosso peso de uma perna para a outra.

Os elementos Yin ou Yang do movimento dependem da modalidade do nosso alinhamento em nosso derramamento de peso e curvação da cintura causando os gestos dobraço. Em termos simples quando derramamos para a direita enquanto viramos para a direita, ou derramamos para a esquerda como virar para a esquerda é o movimento Yang. Alternativamente,, quando derramamos para a esquerda quando viramos para a direita, ou derramamos para a direita à medida que viramos para a esquerda é um movimento Yin. Para mais e orientação visual taqui será disponibilizado um vídeo nos sites habituais intitulado Polarity of Arm Swinging.

A profundidade da exploração disponível neste simples e primitivo movimento humano não pode ser subestimada. Mover-se no modo Yin e Yang é profundamente simples e divertido e passar de um patter para o outro é incrível. As transições de estar no modo Yin para mover-se no modo Yang e vice-versa são especialmente empoderadoras e liberadas. Nas transições do movimento há um pouco mais de oportunidade e potencial, isso é verdade para todas as transições de movimento e energia. Relaxe e mova-se de um lado para o outro derramando seu peso da maneira polarizada, às vezes em ceder outras vezes no espaço de retenção enquanto ocasionalmente expressa as transições de giro. Considere mover-se como se traçaria o símbolo Taiji. Você pode seguir o redemoinho de um jeito, ou mover-se em um círculo, e encontrar a curva central em transição para mover-se para o outro lado.

Aproveite para observar grupos de crianças em pé em torno de estar em uma atividade organizada ou não. Inevitavelmente alguns deles vão começar a balançar o braço. Observe o estado natural do braço balançando e aprofundando o estado natural e, portanto, mais honesto dos jovens no total. Observe os momentos em que os jovens são autênticos e quando eles podem estar sendo antinaturais. Agora observe seus próprios estados naturais e não naturais e processados e faça refinamentos em direção à maior e melhorada harmonia.

Rythm

Yin e Yang são interdependentes e cada flor do outro **em fluxo..**

A lenda de como o símbolo taiji foi concebido de origem propõe que um filósofo o conceituou observando o movimento do brilho daONU e as sombras de um vale montanhoso ao longo de um período de tempoIally conceived ong. . Logo ficou evidente que havia Yin e Yang lado para o vale e um lado yin e yang para a montanha, que a flora e fauna fluiu e seguiu as energias Yin e Yang diariamente, e sazonalmente, em ritmo.

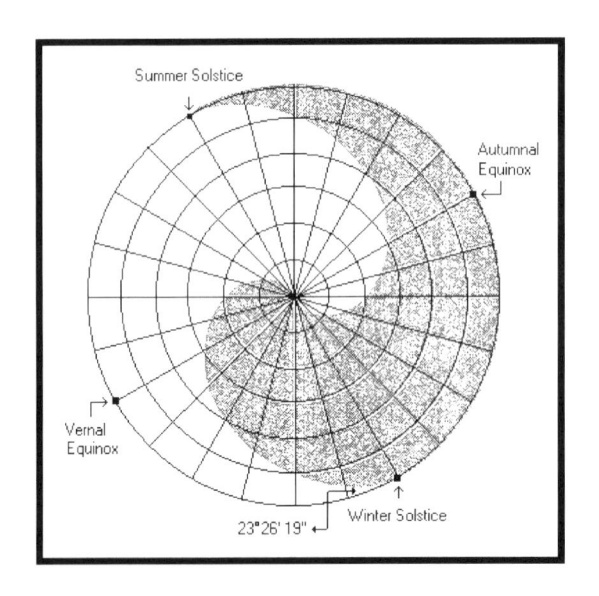

Ritmo é sobre tempo e ser harmonioso com as circunstâncias internas e externas. Taiji prática destaca-se em compreender e fluir com ritmo. O ritmo muda circunstancialmente, mas quanto mais sintonizado ou sincronizado com o ritmo sazonal, por exemplo, e quanto mais ritmos sociais sutis mais fáceis as coisas se tornam. Taiji é praticado de forma mais lenta, porém também pode ser praticado rápido, e não importa a velocidade a sincronicidade, e o ritmo é contínuo. A prática de Taiji permite o fluxo em situações de gravidade e força, em um ritmo elevado e alinhado, no formato Yin e Yang.

"Seu Taiji deve ser praticado a uma velocidade não muito lenta e não muito rápida." ~Expressão Taiji

O alinhamento básico começa com a respiração. Com o fluxo de Yang a respiração está em ritmo diretamente com a abertura e fechamento das posturas. No fluxo de Yang, a inalação começa o movimento e a expiração libera o movimento. Com o fluxo de Yin a respiração não está fluindo com a abertura e fechamento das posturas. O fluxo de Yin é feito quando as posturas são praticadas tão lentamente que pode haver dois, três ou quatro ciclos de respiração em cada postura.

Ohino radequado forma e flui com a situação dependendo da estação, da situação e de todos os tipos de variáveis. Os elementos, a flora e a fauna, e de maneiras às vezes difíceis de perceber a humanidade,, estão todos trabalhando juntos em ritmoharmonioso, seja Yin ou Yang, ou trabalhando de maneira que não está em ritmo, essa desarmonia.ious Encontrar o ritmo natural nos permite responder de forma mais eficaz, quando mais apropriado, e o quão mais apropriado não importa a situação..

Muitas tradições muitas vezes notam que existem quatro elementos ou energias básicas; ar, fogo, água, terra. Um quinto ser etéreo também é ocasionalmente apresentado. Há cinco elementos no sistema taoísta em oposição aos quatro elementos mais comumente observados. O conjunto de cinco elementos ilustram o ritmo demudanças..

Há água, madeira, fogo, terra e metal(mineral).) A ideia pode ser entendida na seguinte metáfora do ritmo natural. A água cresce a madeira, amadeira pegafogo, retorna à terra , e, finalmente, se transforma em mineral. O I-Ching descreve numerosas mudanças no fluxo dos cinco elementos, alguns em equilíbrio rítmico harmonioso e alguns nem tanto.

O taiji em si representa mais quatro aspectos ou elementos encapsulados em um círculo. Abaixo está uma foto The Taiji com Yin e Yang e Yang em Yin e Ying em Yang refletindo as quatro partes abotoantes e sutis. Ao redor do Taiji está o Bagua. Bagua significa conjunto de oito e é um conjunto de trigramas primários ou conjuntos de três linhas. As linhas são quebradas ou ininterruptas, Yin ou Yang, e representam a realidade aberta das estações e da realidade e da energia sutil também.

Dos oito trigramas do Bagua vêm os sessenta e quatro trigramas do I-Ching, que é claro oito multiplicados por oito. Oito é o número de variações de trigramas possíveis e sessenta e quatro é o número de trigramas duplos, ou hexagramas possíveis,, quando as linhas são Yin ou Yang. Sessenta e quatro também são quatro múltiplos de quatro múltiplos, ou seja, quatro conjuntos de quatro somam dezesseis e quatro múltiplos de dezesseis é sessenta e quatro. Dos quatro aspectos do Taiji floresceu a miríade de coisas e, deforma esquiva, a sutileza é colocada em quarto lugar no Bagua..

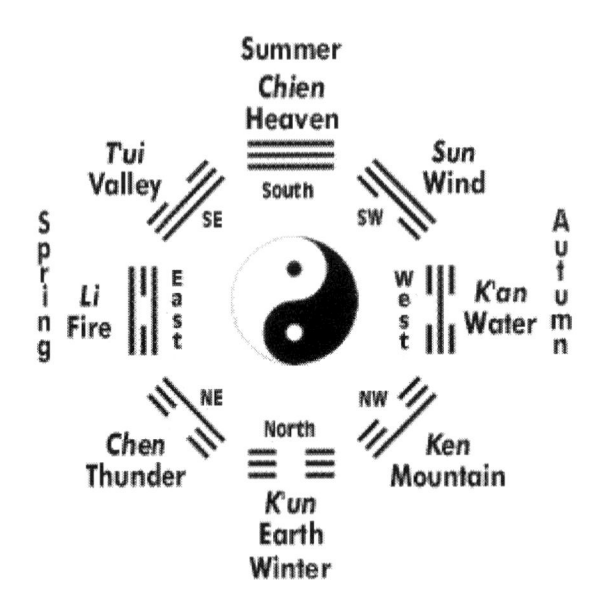

```
            Summer
            Chien
            Heaven
            ═══
   Tui              Sun
   Valley           Wind
     SE           SW
 S                           A
 p                           u
 r    Li    E        W  K'an t
 i    Fire  a        e  Water u
 n         s         s        m
 g         t         t        n
     NE           NW
   Chen    North   Ken
   Thunder ═ ═    Mountain
            K'un
            Earth
            Winter
```

"O Ilimitado (Wuji) produz o delimitado, e este é o Taiji. O Taiji produz duas formas, chamadas yin e yang. As duas formas produzem quatro fenômenos, chamados yin menor, grande yin, yang menor, grande yang. Os quatro fenômenos atuam nos oito trigramas(Bagua), oito oitos são sessenta e quatro hexagramas."
~Definição de Bagua de Fuxi

Os oito trigramas do Bagua foram conceituados por Fuxi para simbolizar elementos naturais e conceitos metafísicos. Em energia semelhante, Thoth é creditado com a criação do Ogdoad, os oito elementos da natureza, de conceitos naturais e metafísicos.

O hino rexternamente é tão sutil quanto o ritmo internamente e ainda há uma simplicidade do center, o tantien, O Tao. A respiração é o núcleo do indivíduo e é a melhor maneira de se transformar e se conectar com o etéreo. Saber como estar com a respiração é a melhor maneira de neutralizar o ritmo fora de controle,s resultando em um ser físico/mental/espiritual indesejado. Respiração atenta, meditação e movimento meditativo é a melhor maneira de melhorar o ritmo consoante internamente. A respiração consciente pode mudar o ritmo de nossos corações, por exemplo, e através disso nossa totalidade.

"Emoções são bons servos,, mas pobres mestres. " ~Provérbio egípcio

Há quatro aspectos importantes darespiraçãomeditativa. É importante respirar devagar, profundamente, de forma constante, e consciente. A maioria das pessoas respira de pontos altos, médios ou baixos. Uma respiração completa de iogue é um movimento cíclico que começa do ponto abdominal mais baixo com a inalação e se move lentamente para cima como uma onda, e liberando de volta para a região mais baixa da barriga, como o fluxo do Taiji. O movimento meditativo leva a uma respiração cíclica adequada ecompleta, assim como a respiração completa e atenta auxilia seu movimento..

Respiração equilibrada é simples e eficaz. Respiração equilibrada significa que as quatro partes do ciclo da respiração recebem atenção e o tempo é equilibrado, como o Taiji. As inalações e exalações são o mesmo período de tempo um para o outro e a pausa completa e pausa vazia são o mesmo tempo respectivo um para o outro também. As inalações e exalação são frequentemente o tamanho refletido pelas partes do Major Yin e do Major Yang do Taiji, enquanto as pausas são refletidas pelo Minor Yin e Minor Yang, ou o Yin dentro de Yang e Yang dentro de Yin.

Praticantes de meditação de muito tempo atrás contariam a respiração não em segundos, mas os batimentoscardíacos, a fim de melhor conectar, controlar o equilíbrio e desenvolver sensibilidade, e realizar o trabalhointerno.. Muitos ignoram as pausas da respiração,a sutil polaridade da respiração. Manter nossa consciência lá aumenta o controle da consciência. Talvez contar os batimentos cardíacos em vez de número de segundos por respiração também seja sobre desenvolver controle da consciência, conexão com nossas partes fragmentadas, e desenvolver atenção onde poderia ter havido anteriormente desatenção ou distração.

A prática de Taiji chama a atenção para omovimento de through para áreas do nosso corpo e mente que requerem atenção e fluxo e que de outra forma continuariam estagnadas. Conectar nossos aspectos mentais, físicos e espirituais com o ambiente natural através de movimentos meditativos como o Taiji proporciona inúmeros benefícios. A confusão envolvida no aprendizado é ser abraçada para a confusão é essencialmente como é a expansão à medida que aumentamos nosso nível de sensibilidade em relação ao equilíbrio. A prática de Taiji permite que os indivíduos estejam mais em ritmo com o sazonal e universal.

Respiração equilibradaing é benéfica para equilibrar a energia, muitas vezes tudo o que precisamos. Como um mestre equilibrou a respiraçãoing pode-se implementar novos padrões para melhorar o movimento energético em quatro padrões básicos, comoo Taiji, além do equilíbrio breathing. Ao contrário da respiração equilibrada, essas formas constroem e liberam energia de maneiras específicas.

Há o aprimoramento e alongamento da pausa completa, em/pausa/saída para a construção de energia Yin. Há o aprimoramento da pausa vazia, dentro/fora/pausa para a energia Yang. Em seguida, uma pausa é inserida no meio do caminho entre o inalar ou exalar para movimento de energia, entrar/pausa/entrar/sair para Yin e, por último, entrar/sair/pausar/sair para Yang. A consciência consciente e focalizando as quatro partes da respiração é meditação e desenvolve a capacidade de equilibrar no ritmo mais ideal.

"Procure por ele, e ele não pode ser visto.

Ouça, e não pode ser ouvido.

Agarre-o, e não pode ser pego.

Estes três não podem ser descritos, por isso tratamos-nos como O Escolhido.

Seu mais alto não é brilhante.

Suas profundezas não são escuras.

Interminável, inemamável, ele retorna ao nada.

Formas sem forma, e imagens sem imagem, sutis, além de qualquer compreensão.

Aproxime-se dele e você não verá um começo; segui-lo e não haverá fim.

Quando agarramos o Tao dos antigos, podemos usá-lo para dirigir nossa vida hoje.

Conhecer a antiga origem de Tao: este é o começo da sabedoria."

~Lao Tzu, *Tao Te Ching*

O I-Ching oferece ideias de adivinhação e opções energéticas ou perspectivas para indivíduos que tomam medidas no universal. O formato em que *o I-Ching* é escrito oferece opções. As opções são apresentadas em faixas com ideias como o chuntzu, o homem superior, neste vale agiria agora, ou grandes dificuldades para ocorrer com hesitação. Os sessenta e quatro aspectos destinam-se a inspirar sensibilidade refinada e resposta à sutileza de situações que se manifestam a partir de níveis ou gradientes dos primordiais Yin e Yang. sixty-four

O homem husuperior vive emharmonia com a natureza e quanto mais superior o homem humais potencial ity a sensibilidade e harmonia com os ritmos mais sutis.. The chuntzu é sensível aos ritmos ao seu redor e dentro dele e ele se move em alinhamento com eles tanto quanto possível.

Um dos temas mais importantes do *I-Ching* e uma das razões mais comuns que as pessoas buscarão obter informações do *I-Ching* é Will. A compreensão de si mesmo, da , natureza,do ritmo do microcosmico e macrocósmico, permite ques você esteja mais alinhado com a atual vontade universal, vontade institucionale vontade individual ao seu redor para que você possa melhor colocar nossa própria vontade.

Uma das maiores interferências com nossa própria vontade é muitas vezes suficiente para nós mesmos! A prática de Taiji permite um movimento sutil em uma modalidade em que aprendemos a sair do nosso próprio caminho, fisicamente no início, e à medida que progredimos mental e emocionalmente também. Um exemplo de estar à nossa maneira é permitir que o ritmo de picos e vales mentais e emocionais nos leve para um passeio.

Taoístas put forth a ideia de que mais da metade de nossa energia diária é dedicada à existência física e sexual e perto de metade de nossa energia é dedicada à existência mental e emocional. Isso nos deixa com talvez algo como 5 a 10% do nosso loteamento diário de energia para engajar o mundo. Quanto mais pudermos equilibrar os passeios pelos picos e subidas do vale, mais energia temos para engajar o mundo. Caso contrário, é muito parecido com os ritmos do mundo estão nos levando para um passeio.

"Aprenda a ver com seus ouvidos e ouça com seus olhos." ~Expressão taiji

Considere desenvolver sua sensibilidade para situações para que você nunca esteja à sua maneira e para que você saiba o que está acontecendo em seu entorno para que você nunca esteja no caminho do tráfego próximo e da energia recebida. Quando integramos nossos sentidos, por isso estamos ouvindo com nossos olhos e vendo com nossos ouvidos, e assim por diante podemos desenvolver nossa sensibilidade através da imaginação de integração. Se você aumentar seu nível de atenção ou foco, você será capaz de ver o que está acontecendo com ecos e ouvir o que está sendo dito com postura, por exemplo.

Taiji nos ensina a usar a energia oposicional que vem até nós e redirecioná-la indiretamente, não necessariamente se opor diretamente a ela. Se entendermos a energia, istoé, se formos sensíveis e atentos, podemos permitir que a energia de entrada passe por nós em vez de bloqueá-la ou o que você tem. E também podemos aprender a neutralizar a energia negativa da oposição diretamente também, mas a melhor maneira de lidar com a oposição é muitas vezes algo como deflexão indireta. Há muitas maneiras de realizar isso física e socialmente, mas éimportante que ser sensível e atento sensibilize as opções.

Nas artes marciais de Taiji o termo ting jing refere-se ao poder de escuta. Este é um alto nível de sensibilidade onde o lugar apropriado para atacar é revelado como um confronto ocorre e a maneira certa de prosseguir antes de uma luta para evitá-lo ou cancelá-lo também pode ser sentido. Ting jing é o poder de sentir o bem-estar dos seres e a situação das coisas através de meios elétricos ou fisiológicos além simplesmente dos olhos e ouvidos. Ting jing é sensibilidade atenta de alto nível resultante da consciência de alto nível durante a prática que é repetida e refinada.

Parte do benefício de aprender Taiji é a dificuldade de aprender Taiji. Dependendo do ritmo de nossas energias em um determinado dia, podemos ser capazes de aprender mais ou menos,, assim como podemos ser capazes de nos envolver com mais ou menos. Aprender Taiji aumenta nosso poder mental exercendo nosso poder mental. Outros sistemas de iogue, Chi Gung, e outras atividades com conceituações correspondentes também podem aumentar nosso potencial mental, ao mesmo tempo em que beneficiam nosso bem-estar, mas Taiji certamente o faz.

Seja sensível à sua energia, bem como à sua postura física e mental. Agora tente estar ciente dos outros e como os outros se seguram. Praticaring sensibilidade nos permite aumentar nossa sensibilidade ao ponto de reconhecermos padrões de ritmoss que nem sequer estão no espectro de consideração aos outros potencialidades.

Eventualmente expandimos nossa sensibilidade ao ponto de nossa consciência do perímetro se expandir física e metafisicamente. Torna-se mais fácil tomar nota de mais e mais sutilezas dentro do seu mundo interior e no mundo físico do seu entorno.

Praticare

Equilíbrio em Espiral

O ritmo da prática taiji é geralmente sincronizado de alguma forma ou de outra, embora os tipos de variações de sincronicidade sejam numerosos. O ritmo taiji geralmente flui do zero permitindo a conexão com a si mesmo e com a própria Terra, nosso entorno. Taiji também flui da esquerda para a direita para honrar o feminino ou Yin que precede Yang.

Taiji é conhecido por ser uma técnica para arrancar o sistema, de estresse de tipos físicos e energéticos. Um dos meios que Taiji arranca o sistema é através da incorporação de diferentes formas de pressão. A ideia de mudar a pressão com isquêmica, compressão, entrada de sucção essencialmente permite mudanças do sistema de Yin para a modalidade Yang. Quando mudamos a pressão de nossos sistemas há uma descarga de circulação e o sistema global melhora, enhanceaumentandonosso potencial para lidar com a gravidade do mundo..

Desenvolver a capacidade de lidar com a pressão efetivamente é uma prática taiji e facilmente aplicável à vida em geral e suas muitas mudanças de pressão. Permita o equilíbrio para que ao atender a modalidade Yang só melhores sua modalidade, em vezde causar um embate com sua própria modalidade balanceada. Em outraspalavras, permitir que o estresse o construa em vez de derrubá-lo, para dar oportunidade de mudança, como no I-Ching (O Livro das Mudanças/Mudanças), ver como fornecer espontaneidade em vez de interferir na rigidez predeterminada..

A prática de Taiji desenvolve nosso fajin, nosso potencial interno de poder pressurizado. Fajin permite nosso equilíbrio quando as coisas estão em nosso caminho e fornece o poder explosivo para expulsar a força da oposição ou manter nosso pé. Fajin é liberado pressão. Taiji desenvolve um potencial pressurizado equilibrado que a qualquer momento pode ser liberado como em potência a vaporacumulada.

O ritmo é como as ondas oceânicas que rolam e recuam na costa, o vai e vem das ondas é resultado das maiores correntes em espiral e estações giratórias. O vai e vem do ritmo realmente vai ao redor e ao redor.

Pratique fazer espirais rítmicos com as pernas e com os braços. Levante uma de suas pernas e desenhe um 8, ou um símbolo infinito, com vocêr pé, uma metade dos 8 na sua frente e a outra metade atrás de você e sua outra perna um pouco. Agora faça o 8 com o pé indo na outra direção. Em seguida, pratique movendo-se em um padrão 8 em ambas as direções com o outro pé. O movimento nos ajuda diretamente a integrar e equilibrar as energias de Yin e Yang com a perna ponderada sendo Yang e a perna móvel Yin.

Agora pratique a mesma ideia com os braços. Você pode começar com um braço para compreender inicialmente o movimento, mas novamente essencialmente fazer uma forma 8 com o braço. O movimento da perna inspira e permite o equilíbrio e os gestos de mão movem estagnação, como se estivesse arrancando o sistema. O movimento com as mãos é chamado de Xícaras de Chá da prática de Bagua. Bagua é uma arte marcial chinesa baseada nos oito trigramas, o Bagua, mas é muito parecida com a prática de Taiji, que é naturalmente baseada no Taiji. Xícaras de Chá é um excelente exercício para arrancar o sistema de tensão e facilmente pode ser integrado e feito o seu próprio, e feito com seu próprio estilo como sua própria prática.

O principal truque para as Xícaras de Chá é manter as palmas das mãos viradas para cima enquanto você cria oito espirais escovando sua cabeça e para trás para que você não derrame o chá por assim dizer. Abra todas as articulações para fazer essa postura e relaxar. Do seu rim levante a palma da mão na sua frente enquanto seus dedos começam a apontar levantar a mão para escovar a cabeça e devolver sua mão de volta para o seu rim depois de passar na sua frente e para o lado. Xícaras de chá podem ser feitas de uma maneira Yang com seus braços fluindo para cima e para baixo em comum, e pode, naturalmente, ser feito de uma maneira Yin onde o fluxo do movimento se alterna. OmovimentoT he Tea Cups tem muitas nuances e refinamentos que podem ser integrados ao fluxo.

Outro conceito que você pode colocar no movimento ou se transformar em sua própria aplicação em sua própria prática é a ideia de compressão e relaxamento. Dependendo do seu nível de energia, você pode comprimir a um certo ápice e, em seguida, relaxar para um certo ápice também. Você não deve comprimir muito se você não está bem, se você está deprimido, mas apenas para um nível apropriado onde você mantém o equilíbrio e não se machuca.

O equilíbrio, como retratado no símbolo The Taiji, e mais adiante no Bagua, é obtido por ocasionalmente expandir e liberar Yin e Yang apexes. Se estamos deprimidos adicionando um pouco de ar comprimido ajuda, se estamos agitados, a liberação relaxante ajuda. Embora haja muito mais princípios em Taiji eu montei os oito princípios básicos do Taiji e Taiji practice abaixo. Considere como aplicar essas conceituações reconhecidamente amplas para manter seu equilíbrio harmonioso.

Princípios Básicos 8 Taiji

1. **Mutual Surgindo**

2. **Dependência mútua**

3. **Oposição Mútua**

4. **Ciclismo mútuo**

5. **Atração mútua**

6. **Virtude Equilibrada**

7. **Potencialização**

8. Eminência Alternada

"Se você procurar as leis da harmonia, você encontrará conhecimento. " ~Provérbio egípcio

"Organização é impossível a menos que aqueles que conhecem as leis da harmonia desapõem as bases. " ~Provérbio egípcio

Causa e Efeito

Para cada ação há uma reaçãoigual **e contrastante. .**

Para cada ação há uma reação igual e contrastante. reaction. Com a consciência podemos utilizar esse entendimento interna e externamente para melhorar os efeitos positivos com causas positivas. Com refinamento consciente podemos transformar re-act-ions em respostas. Praticar Taiji ou mesmo lavar os pratos com atenção refina nossas reações em respostas e, em última análise, transforma nossa qualidade de consciência para não ser tão facilmente agitada ou dirigida. As previsíveis reações de Taiji transmutam as previsíveis reações de joelho-jerk em respostas apropriadas.

Um dos meus professores taiji uma vez comentou como ele poderia dizer a profundidade da prática de alguém apenas pela forma como se executou a primeira postura, O Casamento do Céu e da Terra. Talvez mais demonstradamente do que outros conceitos Taiji revela nossa natureza através de nossa prática e o quanto praticamos anteriormente. Somos o que praticamos, nos tornamos o efeito de nossa própria causalidade. Taiji melhora e se desenvolve como uma causa para efeito holisticamente, e refina as decisões relativas a que entrada causar o efeito.

Os taoístas acreditam que nascemos com uma oferta limitada deenergia de vida e dependendo de nossas escolhas, dependendo das causas que implementamos nossa força vital pode ser cultivada e mantida ou abandonada. Da mesma forma, we optar por fazer o que é certo entre os agregados para os mesmos efeitos semelhantes às causas escolhidas. like

Em Taiji praticamos redirecionaring ou offsetting a energia de entrada da oposição e nósing sua própria energia contrat eles. Para cada ação há uma abertura e um fechamento. Euna situação mais básica que aoposição tenta te empurrar e nessa tentativa você tenta se defender de umaposição ereto há aberturas e fechamentos.. d No momento em que uma tentativaé empurrar há uma abertura na transição onde você pode responder e em sua resposta pode apresentar outra abertura. Em cada postura Taiji há uma abertura e fechamento e em cada movimento há causa que leva a um efeito. Às vezes, o efeito pode ser previsível e outras vezes nem tanto. Asaberturas e fechamentos podem ser muito mais sutis do que se imagina em uma partida básica de empurra, mas ilustra o ponto. Sejam exchanges sutis ou grosseiras, há mais opportunitsnotadas dependendo do desenvolvimento da sensibilidade e do refinamento da resposta..

Se alguém tem uma abertura óbvia, pode ser aproveitado pela oposição. Pode-se, alternativamente, usar isso a seu favor se sua consciência estiver lá. Pode-se aproveitar de reações previsíveis para formar uma resposta em muitas modalidades.. Na vida há oportunidades, às vezes em crises, mas principalmente as oportunidades se apresentam nesses lugares de transição onde há uma abertura e, ao mesmo tempo, um fechamento, vem crise ou nascer do sol..

A institucionalização socialmente manipulada faria com que você fosse previsível e tivesse aberturasapresentadas porlongos períodos de tempo para ser manipulada como lhes convém e para que você se tornasse pego em agir por eles repetidamente,na reação. Considere os efeitos das causas dos bons hábitos e dos maus hábitos. Não é preciso um mestre geômetro para saber que voltar a agir como umn viciado de qualquer tipo é prejudicial. Você se torna o que faz, o que pratica, e como age como.

Karma é a causa e efeito definitivos. Karma permanece imprevisível em sua velocidade exata em um nível energético,, mas em seu nível físico mais básico o carma é causa e efeito fundamentais.. Para tudo que você faz lá é um resultado. Mesmo que você faça as coisas mal, haverá um resultado, mesmo que você não faça nada tanto quanto possível haverá resultados. Não vésperary semente que você planta resultará na colheita, mas cada semente que você plantar,, se você quiser que ela derfrutos, contém causas necessárias para o efeito desejado. Muitas vezes as causas não são o que pensamos, às vezes fazer o mínimo possível rende mais resultados.

"Sevocê quer se tornar inteiro, deixe-se ser parcial.

Se você quer se tornar hétero, deixe-se ser torto.

Se você quer ficar cheio, deixe-se vazio.

Se você quer renascer, deixe-se morrer.

Se você quer receber tudo, desista de tudo. "

~Lao Tzu, *Tao De Ching*

No entanto, podemos compreender o efeito que queremos, quanto mais nos colocamos dessa maneira, na causa apropriada para criar o efeito e cada vez mais ressoaremos com o efeito desejado. Karma é mais simplesmente o resultado do que fazemos, os efeitos das causas. A situação atual é simplesmente o resultado do carma agregado.

Todos nós estamos lidando com o carma coletivo dos oceanos poluídos e do ar contaminado e, para nos salvar, devemos elevar a consciência de nós mesmos e dos outros. Se você quer impedir um cão de latir gritando muitas vezes não é a solução, acalmá-lo certamente é. O mesmo vale para o latido da humanidade, nós coletivamente exigimos calma. Há um sentimento em Taiji de que devemos manter nossa prática em segredo, mas mostrar os resultados. Não seja braggadocio em seu trabalho simplesmente mostre seus resultados.

Karma não funciona através das mesmas restrições de tempo da física que estamos acostumados, to, ele trabalha com as leis físicas e tão sutil energy. Energia cármica pode ser comparada a uma bala. A energia emitida pode ricochetear do chão e atingir o emissor diretamente e imediatamente de alguma forma de "Karma instantâneo". Tele energia emitirted pode zap em torno de toda a sua cidade, ou para a Lua, ou Júpiter e de volta como ele finalmente faz o seu caminho de volta para você, ou a pessoa ao seu lado, ou vocêr prole gerações a partir de agora. É quase impossível conciliar a direção que o karma irá mover, mas é absolutamente fácil entender em que formato o karma vai retornar. Qualquer que seja a qualidade da energia que é emitida o mesmo tipo de energia retorna.

"Sevocê quer encolher algo, você deve primeiro permitir que ele se expanda.

Se você quer se livrar de algo, você deve primeiro permitir que ele floresça.

Se você quer tomar algo, você deve primeiro permitir que ele seja dado.

Isso é chamado de percepção sutil do jeito que as coisas são.

O macio supera o duro.

O lento supera o jejum.

Que seu funcionamento permaneça um mistério.

Apenas mostre às pessoas os resultados. "

~Lao Tzu, *Tao Te Ching*

Atenção é o oposto de tensão. A prática é o oposto da estagnação. Taiji é referido como uma prática não necessariamente um fazer por causa da implicação de que é um processo de melhoria, de auto-desenvolvimento. Não se conhece Taiji, mas pratica isso. Não se ensina Taiji, mas compartilha. Tsua mudança de estado mental é umexemplo n de uma energiade qualidade para potencialmente emitir, uma perspectiva de qualidade com efeitos benéficos.

Sobreos símbolos compartilhados mais interessantes do Oriente e do Ocidente, da cultura egípcia e da cultura asiática/chinesa/budista, está a flor de lótus. A flor de lótus é um símbolo de um conjunto de oito símbolos sagrados na tradição budista, chamados de Oito Símbolos Auspiciosos. Uma das semelhanças simbólicas do simbolismo de lótus é a ideia compartilhada do lótus florescente representando o Sol nascente, a vida de novo e a consciência refinada florescente.

A flor de lótus, como a energia de Thoth, simboliza estar em ambos os mundos da vida e da morte, do material e espiritual para ela é uma flor de tremenda beleza que floresce nos pântanos. Como a energia de Thoth também, o lótus simboliza a possível transmutação envolvida na beleza florescente no pântano.

Oito símbolos auspiciosos do budismo; Vaso do Tesouro, Par **de Peixes Dourados,** Banner **Proclamando Vitória, Lotus, Concha** Shell**, Nó Sem Fim, Guarda-Sol, Roda.**

As oito-roda pontuda do Dharma abaixo e A Roda do Ano compartilham formas simbólicas e potencialmente mantêm quadris de relaçõesenergéticas mais sutis. A Roda do Dharma é principalmente simbólica do Oitavo Caminho. A Roda do Tempo simplesmente marca os pontos intermediários das quatro estações para que haja oito pontos principais de importância nas relações astronômicas e sazonais.

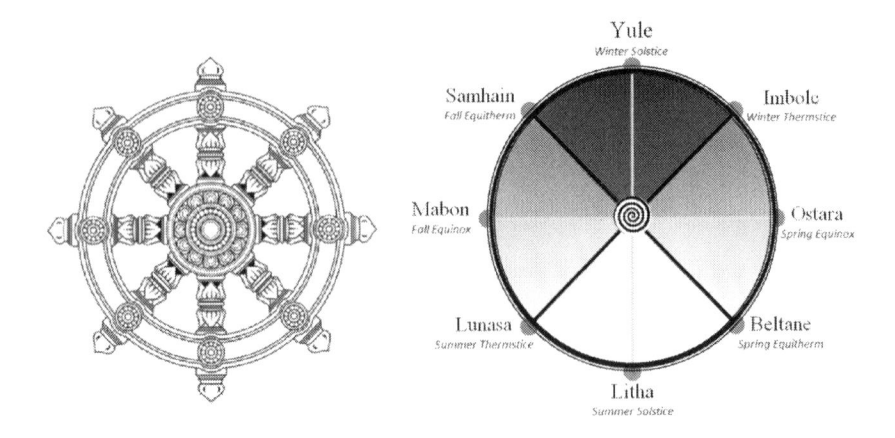

Os marinheiros usaram um conceito de bússola semelhante para entender a posição e a direção do enredo. Em última análise, os marinheiros desenvolveram uma bússola de 32 pontos para refinar seu curso e sua compreensão dos ventos sazonais.

Quão importante é o estado mental certo na direção certa e quão crítico é o momento certo? Ambos são, naturalmente, as qualidades mais importantes para considerar e engajar. A relação sutil com o Bagua também não pode ser negligenciada. Na totalidade desses oito conceitos estão a apresentação de alternância. Em outras palavras, quando você está muito frio você adiciona calor, e assim por diante. Muitas vezes, a maneira mais direta e simples de mudar cause e efeito e a qualidade geral do ser é considerar adicionar a energia contrastante ao que parece problemático. É de interesse notar que a The Grande Pirâmide parece ser quatro ladosd (não incluindo sua base), mas é, na verdade, mais sutilmente uma pirâmide de oito lados, apenas óbvio de cima, e entãoapenas sutilmente.

O mundo é complicado, mas o Tao é simples. Os ensinamentos de Thoth são imensos, mas a fundação é simples. A Grande Pirâmide é imensa e ainda assim sua base é uma sólida simplicidade de princípios, embora reconhecidamente talvez não simplesmente feita. O mundo é muitas vezes apenas complicado por nossas perspectivas e pelas perspectivas do coletivo e dos efeitos das causas do passado e do presente, talvez comparativamente devido ao fato de não estarmos sendo simplesmente princípios..

Escolher simplicity e existir em alinhamento com o Tao em vez de perseguir o seu padrão emclinations apesar do Tao é simples de fazer, mas não tão simples de começar. Como mudamos? Usando o Tao podemos encontrar os conceitos principais. O mundo hoje está quebrado,, sofrendo com os efeitos do agregado que perseguiu sua inclinação padronizada sem considerar os efeitos.

A maioria do mundo busca seus interessese inclinações com a crença de que o que eles estão fazendo é para a coisa certa ou eventualmente resultará na coisa certa. Quantas situações há em que alguém acreditava que estava fazendo a coisa certa só para estar errado?? Quando procuramos fazer o que acreditamos ser o certo errado é muitas vezes o resultado. Se procurarmos apenas fazer o que sabemos não estar errado do que somos mais propensos a beneficiar a nós mesmos e ao entorno. Ao invés de fazer o que você acredita que é certo,, faça o que você sabe que não é errado. Só que as inclinações negativas são interrompidas.

A mesma modalidade pode ser aplicada a este contraste correspondente. Em Taiji não treinamos para lutar, também não treinamos para ganhar um confronto, simplesmente treinamos para não perder um confronto. Há novamente uma grande diferença de abordagem e não apenas uma semântica. Se mais pessoas buscam não perder em vez de ganhar, então o Tao é celebrado. Se mais pessoas procuram não fazer errado em vez de fazer o certo een O Taoé celebrado.

Prática

Pressurização

Na prática de artes marciais há o entendimento de que toda ação terá uma reação. Sempre que se busca fechar uma abertura, mesmo que a abertura seja obtida, haverá uma reação ou fechamento realizado pela oposição. Decifrar essas aberturas e fechamentos e, portanto, novas aberturas é a arte de qualquer confronto marcial se tal pode ser a arte em tudo.

A arte nas artes marciais não está, portanto, relacionada à arte marcial, mas é desenvolvida através de artes marciais, e outros meios, mas talvez Taiji seja a grande maneira primordial de desenvolvê-la. A engenhosidade às vezes aparece como intuição, e pode haver alguma intuição envolvida, mas a arte é essencialmente simplesmente prática de conscientização. Quanto mais você pratica conceituar sua base, por exemplo, menos você já conceituo sua posição quando o imediatismo de alta atenção em um ambiente de alto estresse é necessário. Por causa da nossa prática não consideramos o equilíbrio em tudo, simplesmente nos ajustamos automaticamente à modalidade mais eficiente em relação à situação e nossa atenção adicional pode ser colocada sobre o que requer imediatismo.

Às vezes, a opção mais simples é a mais eficaz, isso funciona na grosseria do confronto, bem como na artfulness da vida. Às vezes, a opção mais simples e eficaz para definir o curso direito, e/ou contrastando uma situação contendo um elemento que não é certo, e ser um chuntzu,, é integrar contrastes de causas. Quanto mais alinhados estivermos com a natureza, mais frequentemente melhores opções são reveladas. A natureza funciona assim. Quanto mais praticados somos, mais capacidades temos.

A natureza ou natura é etimologicamente derivada ou pelo menos verbalmente equivalente à palavra egípcia Neter. Neter é o chi, a energia vital, que separa a vaca do hambúrguer. Neter é a força vital, a energia rejuvenescedora e sustentada do chi. Neter também é um estado, a natureza descreve sua tonalidade energética. De fato,, os egípcios chamavam seus deuses de neters, inferindo as naturezas dos deuses e da divindade. Os neters representavam o exotérico e esotérico, o físico e o metafísico.

We todos podem estar em um modo mundano existente fora do alinhamento da natureza ou podemos escolher estar em alinhamento com The All, The Tao, a totalidade do neter. Considere o quão importante é ser na natureza, considere suas propriedades curativas e considere o que a existência se tornaria sem estar alinhada com a natureza. Considere a comparação clássica das pinturas do Oriente e das do Ocidente. Uma pintura de um indivíduo por um taoísta do Oriente terá o referido indivíduo na natureza, enquanto a pintura de um indivíduo no Ocidente tem o indivíduo em primeiro plano com a natureza ao fundo. Fazer parte do The All em vez de tentar estar no comando de todos é muito mais gratificante.

Quando parte do The All o simples se torna útil. Se estiver muito frio, adicione um pouco de calor. E então faça o contraste e adicione mais frio.. Quanto mais fazemos, mais somos capazes. Quanto maior o nosso espectro de calor e frio, mais relaxados podemos estar apesar do calor ou frio. Isso é a natureza porque você é o que você faz e o que você pratica. Quanto maisolder capaz você é de lidar com o frio. Quanto mais estiver com fome, melhor você digerirá digest sua comida. Quanto mais sol você está, mais você é capaz de estar no Sol. Quanto mais você anda, mais você pode andar. Quanto mais Taiji você aprender, mais capaz você será de aprender.

Tente aplicar mudanças simples de pressão, em abordagens relaxantes,, para o que quer que você faça, basta adicionar mais e remover mais energia do que o habitual. Você é o que pratica, pratica o desenvolvimento e isso acontece. Aplique este taiji, modo natural e alinhado de abordagem em todos os seus esforços sempre que possível. Quando estiver frio e precisar de calor, adicione-o a curto prazo e use frio a longo prazo. Isso é útil para o equilíbrio.

A pergunta sempre aparece ao praticar Taiji de, "quão lento ir"? A resposta geral não é muito rápida e nem muito lenta. Quanto mais lento nos movemos, mais tempo estamos contrastando a gravidade e mais foco é necessário e gerado. Além disso, em outra generalidade, integramos e consideramos a natureza e em Summer praticamos a forma mais lenta,, e no Winter praticamos a forma mais rápida para estar em alinhamento, equilíbrio..

"Trinta raios compartilham o centro de uma roda;

mas é seu centro que o torna útil.

Você pode mold argila em um navio;

no entanto, é o seu vazio que o torna útil.

Cortar portas e janelas das paredes de uma casa;

mas o uso final da casa

vai depender dessa parte onde nada existe.

Portanto, algo é moldado no que é;

mas sua utilidade vem do que não é.

~Lao Tzu *Tao Te Ching*

Existem muitas formas de pressão e há muitas formas de energia. Em *The Tai Chi Classics,* Waysun Liao descreve trinta e seis tipos de poderes marciais, ou jing especializado, incluindo os oito portões ou oito posturas básicas. Claro que a principal força potente por trás de todos os poderes é a da consciência refinada através da imaginação simplesmente lúdica.

Os praticantes de Taiji muitas vezes se referem a si mesmos como jogadores porque parte da prática é ser brincalhão e rejuvenescer. E que melhor maneira de instigar a energia juvenil? Para jogar com certeza. E assim usamos nossa mente brincalhão para imaginar assumir a oposição para instigar respostas químicas e imaginamos ganhar e também imaginamos os resultados de uma luta.

Ninguém ganha umaluta, a menos, é claro, que algum tipo de vínculo ou amizade resulte depois, o que é possível. Os resultados de uma luta serão curativos se você for atingido e ter pena de sua antiga oposição se eles forem atingidos. Imaginar literalmente lutar contra seu inimigo em Taiji produz certos efeitos químicos, , e imaginar compaixão pelo seu antigo inimigo agora transformado em alguém que precisa de ajuda também tem um efeito químico. Há uma abordagem dura e suave para a prática taiji, ambos têm efeitos maravilhosos e diferentes.

Controlar e implementar causas de modo a instigar certos efeitos ou combater outros efeitos é uma mudança alquímica, mudança de padrão, refino e tudo em torno da vida mudando modality. Além de praticar a imaginação trazendo paz de uma forma ou de outra enquanto pratica,, você também pode imaginar gerar calor ou frio, ou você pode imaginar liberar energia, ou tensão ou até mesmo gerar flores de lótus à medida que você se move. Absorção de telebrincalhão estado mental com prática positiva repetitivaing e as outras modalidades de consciência faz Taiji como nosso sino pavloviano pessoal para o bem-estar, nosso ativador de poder placebo pessoal. Taiji instiga a produção e circulação de sangue, saliva e outros produtos químicos benéficos, bem como melhora a liberação de produtos químicos inflamatórios negativos. Aformação consciente de várias pressurizaçãopode levar a efeitos positivos.

Gender

As energias feminina e masculina estão presentes em tudo, abertamente e sutilmente..

Diz-se que o Sol tem qualidade masculina e diz-se que a Lua tem uma qualidade feminina. As linguagens contêm sons e adjetivos masculinos e femininos. Há dois gêneros contrastantes. Um macho não é o oposto de uma fêmea, nós are contrastes maisprecisamente um do outro e outras combinações de energias masculinas e femininas mais simplesmente expressas pelo nosso próprio corpo físico.. contrasts

Como ilustrado no símbolo Taiji o mistura feminino e masculino e contêm aspectos um do outro um no outro. Os aspectos do Taiji são contrastes complementares, não necessariamente meros opostos. Homens e mulheres são mais bem compreendidos como contrastes do mesmo, em vez de opostos. O mesmo vale para as proporções de qualidades masculinas e femininas que um indivíduo pode conter, estas são energias contrastantes e não opostas..

Nascemos abertamente masculinos ou abertamente femininos com uma combinação de tendências internas femininas e masculinas, ou como Jung observou em relação ao nosso gênero interior, nosso anima e animus.. Os gêneros internos podem ser entendidos como o contraste sutil em vez do contraste físico sobreo. Essencialmente, nasce fisicamente macho or fisicamente feminino e desenvolve a energia sutil como dominante consciência masculina (animus) ou dominante feminina (anima).

The Polarity Principle ilustrado em Gênero explica as muitas alternativas, ou níveis, de masculinidade e feminilidade entre machos e fêmeas através do contraste do ser aberta e sutil, ou do ser externo e interno. Indo além do que se tornou um assunto abertamente controverso, podemos encontrar as energias sutis masculinas e femininas sem peso emocional e institucional.

Essa Polaridade pode ilustrar ainda mais o potencial de se ser heterossexual, homossexual, bissexual ou assexuado. Esse aspecto da polaridade pode ser explorado em uma infinidade de assuntos e objetos, e como aqui pode não funcionar completamente para que todos se identifiquem, withmas fornece uma base to understand. Em última análise, focar na sexualização desse princípio limita-o à noção da basicidade. O gênero abrange sexo e sexualidade, mas não se limita a isso, nem focado nisso. Na verdade,, se nos concentrarmos no Congresso, provavelmente não estamos focando na consciência.

A fórmula aplicável a outros sistemas além do sexo pode ser ilustrada como A, B, AB ou X, ouutilizando uma contextualização mais familiar; tese, antítese, síntese ou nulo. Embora isso possa não ser aplicável para todos pessoalmente, o nullisis quadrad é potencialmente amplamente aplicável em assuntos e situações não relativas ao gênero.

A energia da masculinidade e feminilidade pode ser simplificada em termos não sexuais usando o Taiji. Like o Yin e Yang do Taiji há quatro aspectos.

A energia do feminino divino é receptiva e criativa.

A energia do divino masculino é reflexiva e projetiva.

Esses conceitos energéticos femininos e masculinos podem ser vistos como físicos e metafísicos, ou abertamente e sutis. Não importa of símbolo ankh, ou o símbolo taiji,, ou a bússola e quadrado mamatar maçônico, ou qualquer número de símbolos antigos o feminino representa uma energia relevada, mais suave, sutilr e uma abordagem mais elevada. O feminino é o aspecto mais alto comparativamente porque o feminino é mais associativo com o etéreo e a energia sutil da criação..

"Conheça o masculino, mas mantenha-se para o feminino:umnd se tornar um divisor de águas para o mundo.

Se você abraçar o mundo, o Tao nunca vai deixá-lo e você se torna uma criança. "
~Lao Tzu, Tao Te Ching

Um recém-nascido não tem preconceito. Devido à inocência inata e à abordagem não-crítica, as crianças podem fazer as observações mais eficientes e encontrar as soluções mais proficientes para os problemas, pois não concluem de forma crítica. Sua perspectiva é muitas vezes tão simples que são imparciais.. Um jovem precisa ser informado do julgamento, enquanto que se não for informado das percepções, pode não ser restringido por eles. Na prática de Taiji, nunca tentamos nos esforçar ao ponto em que testamos nosso potencial máximo. Naverdade, nunca nos s esforçandoing inteiramente para encontrar nosso máximo, não sabemos nosso máximo e não estamos restritos por qualquer ideia relativa a limitações. O Yin, a energia feminina está mais próxima disso à medida que obtemos conhecimento que pode confundir a simplicidade.

Quanto mais estamos integrados com contrastes, talvez mais simplesmente começando com os contrastes de nossa energia externa e interna masculina e feminina, em vez de polarizados ou separados, mais podemos funcionar de forma maior e mais graciosa. Consequentemente,, mais acesso temos ao nosso potencial irrestrito e desconhecido.s Euntegrationde suavidade e dureza, plibilidade e estrutura, franqueza e indireta, e assim por diante leva a qualidades desconhecidas de ampla aplicabilidade.

Seja macio e aterrado, e seja tenso e flexível. A maioria das pessoas se integrou muito Yang e estão sem Ying. Há o outro lado da moeda, e em umametáforaainda mais matizada o outro lado da moeda tem os outro lado também. Ou seja, há sempre um contraste nuances, e há também um contraste nuance d além disso.

A integração das energias masculinas e femininas pode ser ilustrada na mais alta forma e fluxo do movimento taiji. A energia masculina é linear, a energia feminina é circular. A combinação de energia linear e circular leva à energia em espiral. As espirais são o mais eficiente e talvez o tipo mais estranho de forma e fluxo em Taiji e artes marciais emgeral. A espiral é, naturalmente, representada no número 8, que está associado com fluxo sem fim e o infinito. A integração das energias masculinas e femininas através de espirais leva a um maior potencial.

Prática

Integração Yin e Yang ing

Há inúmeras variações dos numerosos movimentos de todas as diferentes formas de Taiji. Existemnmaneiras denos desenvolvermos e muitas direções para aplicar nosso desenvolvimento. Os inúmeros estilos de Taiji, e meditação, chi gung e yoga para esse assunto, são todas práticas de auto-desenvolvimento. Somos todos feitos dos mesmos elementos e exibemos as mesmas energias e todos nós somos essencialmente desenvolvimento da mesma maneira.

Grasp Sparrow's Tail é um dos movimentos mais s comuns entre as formas deTaiji com muitas variações e estilos. A ideia nesta postura não é desenvolver a capacidade de agarrar os pardais com sucesso. A ideia é ser tão sensível que se um pardal estivesse empoleirado em sua mão você poderia decidir mantê-lo simplesmente liberando tensão quando ele procura pressionar fora de seu poleiro para decolar. A ideia é ity desenvolver a sensibilidadepara que o pássaro não possa leavepara você não oferecer nada para empurrar para fora. Taiji permite tal sensibilidade suave através de tais princípios sozinho e da própria prática.

Não importa se você pratica Taiji ou não você tem uma coluna vertebral e você faz respiraçãoe. Não importa sua situação mortal ou seu nível de atletismoism você está sujeito à gravidade o mesmo. Existem inúmeras modalidades do Tao dentro de todos os movimentos e atividades. Através do movimento simple s e simplesmente reconhecendoo processo de respiração podemos can explorar Yin e Yang, as energias masculina e feminina.

Ao aprender Taiji muitas vezes as lições são entendidas melhor através da negação em vez de afirmação. A negação, na verdade, prevê mais abertura do que afirmação com frequência suficiente. Por exemplo, a ideia de "nunca ser duplamente ponderado" é importante e nunca é denominada no contraste, "sempre seja ponderadaindividualmente". Este último não oferece o mesmo ponto. Aprenda o poder do sim e não, do positivo e negativo como o apropriado, ou como o refinado, ou a resposta correta.

Não há peso duplo na respiração. A respiração equilibrada é um formato de respiração meditativa e processo natural geral no qual utilizamos o mesmo período de tempo durante o processo de inalação como fazemos durante o processo de expiração, conforme descrito.. Na prática de Taiji é geralmente instruído a inalar para cerca de 80% - 85% da capacidade e exalar completamente.

Maior compreensão da respiração relacionada ao movimento pode ser concebida Yin e Yang, ou energia masculina e feminina em relação ao movimento. A fim de transformar eficientemente a atenção na prática de Taiji, inicialmente implementamos o trabalho de respiração yang, que é onde nos movemos em relação à respiração e com a respiração. Neste modo Yang de prática Taiji inalamos com a abertura da postura e à medida que fechamos a postura que exalamos.

À medida que praticamos mais profundamente, integramos o trabalho de respiração de Yin. Ao que simplesmente nos concentramos em respirar lentamente e nos mover lentamente, mas não necessariamente em relação um ao outro ou uns com os outros. A fim de se aprofundar, alongar e fazer refinar nossos movimentos, nós os retardamos para prestar atenção a grandes detalhes e podemos respirare muitas respirações por postura no formato Yin em vez de uma respiração por postura em formato Yang .

Esta comparação do formato Yin e do formato Yang ilustra o poder de Yin, a composição mais sutil e avançada deYin. A maior consciência e o controle de respiração e corpo mais avançados e a dificuldade no formato Yin florescia qualquer seria o potencial energético yang, mas também faz a energia Yang parecer simples e revela a profundidade da energia Yin.

Oito tigelas de oferta auspiciosas

Água potável

Água de banho

Flores

Incenso

Luz

Perfume

Comida Celestial

Música

As tigelas de oferenda se correlacionam com mudras (posturas manuais) praticadas antes de meditações e cerimônias pelos budistas tibetanos. Às vezes a luz ou a lâmpada está em uma tigela e às vezes simplesmente está por conta própria. As tigelas contêm oferendas e ocupam espaço. Taiji é assim também. Naverdade, há uma expressão em Taiji, um mantra de atletismo focado eíon de intenção. "Eu não tenho uma cadeira. Eu tenho uma tigela.

A ideia é que se mantenha espaço e tenha uma tigela que está segurando espaço pressionado através do ar comprimido, chi, desenvolvido e mantido, para ser usado à sua vontade. O oposto de ter uma tigela é ter um assento, como quando alguém condescendentemente diz, "tenha um lugar".

Uma tigela reserva espaço e também oferece o que pode estar noespaço. Em seu mais fundamental, a tigela é a ferramenta Yin mais poderosa. A ideia lembra o clássico Zen Koan onde o mestre diz ao aluno que ele não pode ser ensinado para sua xícara de chá está cheio. Ele deve primeiro esvaziar a xícara de seus entendimentos anteriores para aprender de novo.

Taiji é alquimia. Através da prática refinamos nossos aspectos maçante e chumbo em atributos dourados brilhantes. O processo alquímico de refinar e mudar padrões de ser para melhorar nosso potencial individuado é poderoso e difícil.

Alguns indivíduos perdem seu caminho e, em vez de manteraing humildade and, continuar a desenvolver e praticar atingem uma certa altura e cessam.

Se você praticar o auto-desenvolvimento sem humildade, eventualmente, você estará à sua maneira. A prática de Taiji nos treina a sair do nosso próprio caminho de muitas maneiras,física e psicologicamente.. Without humildade, não importa a destreza, eventualmente você estará em seu próprio caminho. Isso reflete por que não há cintos em Taiji. Isso conteria e restringiria a forma e o fluxo. Taiji é sobre prática, não obter um nível. Na tradição alquímica há a noção de que o indivíduo se torna mais dourado. E também há falhas no caminho para ser ouroen, relacionável a energias masculinas e femininas desequilibrados.

No caminho para se tornar dourado mantenha sua humildade ou você pode cair em armadilhas de sua própria criação,, de uma forma previsível . Estas armadilhas foram referidas como a presunção de prata e a presunção de ferro. Cair nessas armadilhas é feito por não continuar seu desenvolvimento e acreditar que você chegou à conclusão. A presunção da prata é a crença de que o que você sabe é suficiente para obter fins em direção a meios, bem como mérito social. A presunção da prata continua a expandir-se na capacidade deduzida de fazer julgamentos morais por causa de seu acúmulo figurativo de prata. A presunção da prata retrata a falta de autenticidadee maismoralidade, por causa da riqueza.

A presunção do ferro é o mesmo resultado ruim, pois há um descasoque, devido ao desenvolvimento de uma certa habilidade superior a algumas, que eles são melhores queoutros, e que eles podem tomar melhores decisões sociais e morais do que outros, e melhor do que a causa e efeito da própria natureza. A presunção do ferro é a crença de que, porque se pode dominar os outros, é mais correto. A presunção do ferro é a falta de autenticidadee moralidade, por causa do poder forçado. power. São poços defeituosos ao longo do caminho do refinamento.

A presunção da prata é feminina e a presunção do ferro é masculina. Qualquer um pode exibir esses desequilíbrios independentemente do sexo, mas a energia de cada falha tem uma atitude de gênero.

Às vezes, se estamos focados no resultado final, podemos tropeçar nas coisas no caminho. Ser singularmentely focado aumenta potenciais erros e armadilhas.. Alternativamente,, nãoestamos focados,, podemos nos perder no caminho. Temos que refinar e integrar nossos atributos masculinos e femininos de maneiras que não causam desequilíbrio,ou pior presunção. Como equilibrar o masculino e o feminino, o direto e o indireto, a linha ininterrupta e a linha quebrada?

Há inúmeras maneiras de unificar nossas energias masculinas e femininas. Use sua visão interior para encontrá-los e use sua visão externa como exemplo. O poder do olhar é uma consideração importante por muitas razões em Taiji,, mas geralmente como uma forma de direcionar energia e atenção para que o movimento seja mais fluido e mais unificado..

Em uma noite clara observe as estrelas. Se você olhar diretamente para umaestrela, com visão masculina, você pode perder a capacidade de vê-la e outras estrelas. Se a estrela é levemente visível, você só pode vê-la olhando para ela indiretamente com a visão feminina. O mesmo acontece nos esportes, ou confronto, e many outras interações. Integre esses tipos de atenção e visão com seu olhar e intenção por trás do olhar..

Dê it um passo adiante. Tente focar seu pensamento e estar no formato Yang e observe o nível de atenção que você exibe. Agora tente se concentrar de uma maneira Yin, tente organizar sua mente e coração, seu pensamento e sentimento, seu padrão sensorial de uma maneira semelhante à visão de Yin e experimente esse tipo de atenção.. Em seguida, funcionar em ummodo integradon.

O Unified Kinge Queen ao lado de Árvore da Vida com pássaro e cobra.

Os Tao, Taiji e Hermetics são todos integradorese. O mundo indiferente promove fronteiras e muros mentais, físicos e espirituais, a fim de manter a separação em vez de promover a integração. A separação das ciências e estudos funciona da mesma forma. A ideia hermética e alquímica da hermafrodita alegórico e simbolicamente observa o quanto é importante unir as forças contrastantes da natureza, o masculino e o feminino, o visível e o invisível, o material e o imaterial, e assim por diante,, de modo a equilibrar e melhor a si mesmo,de modo a integrar as energias..

Herméticos não celebram a hermafroditaliteral, a união metafísica das energias. A integração do feminino e do masculino é causalidade para a geração de vida nova de forma simples, e mais sutilmente o desenvolvimento e a regeneração das forças de vida. A relação de integração com as práticas de auto-desenvolvimento practices ié simbolizada pela vizinha Árvore da Vida nas imagens..

Uma relação interessante da Árvore da Vida além dos correspondentes aspectos de adivinhação e desenvolvimento do Bagua pode ser encontrada no simbolismo numérico dentro da Árvore da Vida. Diz-se que a Árvore da Vida exibe trinta e dois caminhos. Dez das linhas Sephiroths, ou esferas, e vinte e duas das linhas que ligam a esferas.

Os trinta e dois caminhos da Árvore da Vida são dos quatro mundos. Há esse mundo de densidade e cada um dos outros mundos ou planos de existência são cada vez mais Yin, se você quiser, mais etéreo. E ainda assim é do mais etéreo que todo o material eventualmente se desenrola. Tudo começa em Yin. E quanto mais nos conectamos e integramos Yin com Yang em equilíbrio, mais podemos gerar riqueza dourada de sabedoria e o poder de estar na verdade sem presunção.

Árvore da Vida na Flor da Vida

Flor da Vida gravada em Templede Osíris, Egito

Olodo autodeserido simplesmente se integra à ascensão, enquanto o mundo da complexidade se separa e até transforma contrastes complementares em opostos percebidos. É importante notar que nas imagens alquímicas da integração do masculino e feminino,eles estão lado a lado e não um em cima do outro. O feminino e o masculino não são opostos,, mas cortesia e precisamos incluir energias de cada um para entender o terreno e o cósmico.

1. **Tao**
2. **A singularidade**
3. **Ação**
4. **Silêncio**
5. **Vida**
6. **Paz**

7. Contentamento

8. Amor

~*Oito Segredos do Tao Te Ching*, Luke Chan

Conhecimentoé consciência da realidade. A realidade é a soma das leis que regem a natureza e das causas das quais elas fluem. " ~Provérbio egípcio

Tenet Oito
Paciência

Caringpaciência é necessáriod para pensar e ser de qualidade.

"Pratique lentamente e você desenvolve habilidade para realizar rápido, praticar rápido e você pode não ser capaz de realizar em tudo." ~Expressão kung fu

"Todas essas coisas que o homem deve entender porque ele está construindo as vestes invisíveis de sua alma. Para os planetas que representam a alma, representando seus poderes, seu mistério sete vezes maior e o oitavo poder, que é o poder de gerar corpos, essas coisas residem na alma." ~Manly P. Hall

" Natureza, tempo e paciência são os três grandes médicos. " ~Provérbio chinês

"E então sendo feito nu de todas as operações de harmonia, chega à oitava natureza tendo seu próprio poder e cantandoeth louvores ao seu pai com as coisas que são. E todos os presentes se alegram e parabenizam o movimento dele e sendo iluminados para eles com quemé inversa,, ele ouve também os poderes que estão acima da oitava natureza cantando louvor a Deus em uma certa voz que é peculiar a eles. E então, a fim de que eles retornem ao pai. E eles mesmos se entregam aos poderes e se tornam poderes que são em Deus. Este é o bem, ume para eles que sabem ser deificados. ~*O Divino Piemandro de Hermes*

No passado distante, classic os sete planetas clássicos eram usados para entender a energia astrológica e o tempo astronômico. Por causa da importação ance de corpos celestes, podemos ignorar o que os mantém no lugar e mantê-los separados. Os planetas não são nada sem o vazio do espaço mantê-los juntos e mantê-los separados. Os planetas representam o visível e notável, enquanto o espaço representa o invisível e não notável.. E ainda assim, como Yin e Yang, não há nenhumds outros.

Todas as lições anteriores são inúteis sem o oitavo conceito, assim como todos os planetas seriam algo completamente diferente do espaço.. A combinação das operações dos Sete Tenets de Thoth com tenet oito leva ao refinamento. Sem paciência não há csão e sem paciência e cuidado para implementar o que você aprende sua implementação pode ser severamente limitado.

Sol

Lua

Mercúrio

Venha

Março

Júpiter

Saturno

Espaço

A fim de incorporar as sete principais lições e inclusão do oitavo ingrediente pequeno colocado forth é réquireded. A lição final é a paciência de carro não dita e invisível,, mas inestimável e imensurável. ing patience. É o aspecto não mencionado e mais importante da existência que é, em sua maioria, tão não reconhecido quanto a atmosfera para ela é invisível e estamos imersos nela e o resultado dela e sua falta.

"Nadade tudo o que pode ser contado conta, e nem tudo o que conta pode ser contado. " ~muitas vezes atribuído a Albert Einstein, William Bruce Cameron

A paciência contém elementos dos outros princípios e dá poder a qualquer outra lição. Sem ter paciência, todos os conceitos, mesmo os princípios de Thoth, até mesmo a própria prática taiji, podem ser deslocados para a complexidade, inutilidade e confusão.. Com paciência carinhosa todos os sistemas e ensinamentos florescem e todos os problemas podem ser abordados mais facilmente.

Há uma certa honra e cuidado com o paciente que vai para a prática da filosofia Taiji tão contra o mundo em geral. Há um certo cuidado do paciente transmitido simplesmente iniciando o trabalho para integrar tais lições em vez de buscar mais. Neste mundo, se você não aplicar as lições com cuidado você se torna um idiota provavelmente pego no mund nivo e artificial lógica de perseguir mais do que o mund oly e lógica natural de perseguir menos. Sem csão todas lógicas e as lições podem se diluír, perversões degradadas.

"Mantenhaum coração quieto, sente-se como uma tartaruga, caminhe alegremente como um pombo, e durma como um cão."~Li Ching Yuen

A expressão acima é o conselho para a longevidade de um famoso praticante de chi gung e herbalista que se diz ter vivido mais de 200 anos. O conselho significa estabilizar suas emoções, meditar, caminhar com princípios e práticas de Taiji, e cochilar, como observado na natureza. É preciso ter paciência para seguir o conselho de longevidade, assim como requer paciência para não dormir depois de uma grande refeição e não bater ao volante. A longevidade requer uma atenção integrada.

O Taiji é representado principalmente como uma combinação de opostos e expõe a falta de consideração do cuidado. Os Yin e Yang não são opostos tanto quanto são contrastes em forma e fluxo. Pensar em termos opostos inflama a separação e a falta de cuidado-enquantonpensar em contrastes inflama a compreensão da totalidade e do cuidado inclusivo.

O verdadeiro cuidado requer profundidade e força para participar de lições difíceis para o bem do que é certo.. A verdadeira essência do cuidado pode ser entendida de forma aprimorada através da exploração do character chinêspara paciência. Paciência é feita de duas partes, lâmina e coração. A ideia é que a paciência exija aplenitude do coração, e não a falta de coração do mundo institucionalizado, e requer o cuidado exícuo ao segurar uma lâmina.

刃 REN (Blade of the knife) + 心 XIN (Heart) = 忍 REN (Patience)

As ideias em O Tao de Thoth estavam se formando há algum tempo antes de eu realmente tomar a decisão de juntá-lo e como encapsuá-lo. A percepção final que finalmente pme instigou a juntar isso foi a realização dos princípios da Hermética ou dos princípios de Thoth em relação ao mundo em que estamos hoje. Percebi o valor dos ensinamentos não só em simesmos, mas também em relação aos princípios de Tai Chi. Uma importante mutualidade nos princípios de Tai Chi e também nos princípios de Thoth é que as lições mais simples fornecem a aplicabilidade e a plibilidade mais convincentes para a expansão da consciência.

As ideias compartilharam muitas especificidades, mas o mais importante na que o simples proporciona potencialização em relação à compreensão e refinamento.. Com paciência carinhosa, Herméticos e Taiji podem ser ilimitados refinados. Sem paciência o potencial diverso da simplicidade, profundidade e o que você tem pode ser mundano. Sem paciência, o indivíduo e o agregado podem fazer ditar o absurdo e ignorar o sensato. Sem paciência, os sensíveis e naturais não são considerados como opções ideais.

O mundo pós-moderno é complicado a ponto de as liçõessimples são menosprezadas e descapacitadas. Complicamos o pensamento e, ao ponto de não podermos mais relacionar ideias divergentes e muito menos aplicá-las. O mundo é tão complicado de fato que algumas das lições mais convincentes e simples dos princípios de Thoth e Taiji para melhorar os indivíduos são descartadas por serem inadequadas de alguma forma ou completamente arcaicas.

Algumas coisas haviam se juntado antes para eu fazer a dedução contra-intuitiva que entender lições simples leva a uma maior consciência e consciência elevada mesmo aegardsituações de grande complexidade. Eu venho pesquisando assuntos esotéricos há algum tempo e praticando Taiji por vários anos, bem como lendo sobre a prática filosófica, é claro.

Eu também tinha interesse em política e eventos atuais que inicialmente me levou a ouvir as apresentações de Mark Passio. Ele tem apresentações maravilhosas sobre todos os tipos de assuntos, especialmente sobre Direito Natural. Quando ouvi sua proposta de incluir o que oEnet Oitavo Tcomecei a ver a relação entre osprincípios The Tde Thoth e Taiji, e finalmente encontrei as semelhanças do Ogdoad com o Bagua..

Muitos sistemas esotéricos relacionam-se de maneiras excepcionais e inegáveis a serem que se perguntam como as origens interrelacionadas dos ensinamentos realmente re. Inevitavelmente existem conceitos ocasionais que não parecem se correlacionar ou formas diferentes de fazer as coisas e essas diferenças fazem parecer que as modalidades podem fazer uma enorme diferença. Parece-me, no entanto, que as diferenças são pequenas mudanças não inversões completas. Seja taoísta, ou Yogi, ou Zen, ou Gnóstico, ou Monge de qualquer tipo que haja uma certa ordem de operações para as coisas. Há uma maneira natural de realizar o trabalho externo e o trabalho interno. E há a inversão e perversão do natural.

O trabalho específico necessário para recuperar o equilíbrio difere dependendo do indivíduo. Muitas vezes é mais fácil encontrar desequilíbrios em vez de buscar constantemente o equilíbrio. Onde quer que haja gatilhos ou problemas lamacentos há desequilíbrio. Trazer clareza para onde falta e equilíbrio mudará. Você tem afinidade com uma cor ou outra? Você pode ter um bloqueio na camada correspondente.

Chakra System	Light Spectrum
Universal Chakra/Aura	Invisible
Crown	Violet
Third Eye	Indigo
Throat	Blue
Heart	Green
Solar Plexus	Yellow
Sacral	Orange
Root	Red

CHAKRA	LOCATION	COLOR	TONE	PHYSICAL BODY	MENTAL BODY	EMOTIONAL BODY
Crown	Top of head	Violet	B (Ti)	Pineal Gland Brain	Understanding Awareness Consciousness	Spiritual Connection Unity
Brow/ Third Eye	Forehead	Indigo	A (La)	Pituitary Gland Carotid Nerve Plexus	Insight Clarity	Intuition Imagination
Throat	Throat	Blue	G (Sol)	Thyroid/Parathyroid glands Cervical Nerve Plexus	Communication Knowledge	Self-Expression Truthfulness
Heart	Middle of chest	Green	F (Fa)	Thymus Gland Cardiac Nerve Plexus	Self-Acceptance Relationships	Love of Self Love of Others Grief Attachment
Solar Plexus	Above naval	Yellow	E (Mi)	Pancreas Solar Nerve Plexus	Personal power Self-Mastery Strength of Will	Self-Esteem Shame
Sacral	Below naval	Orange	D (Re)	Ovaries/Testes Lumbar Nerve Plexus	Relationship to food Sexual identity Creativity	Sexuality Pleasure Guilt
Root	Bottom of spine	Red	C (Do)	Adrenals Glands Sacral Nerve Plexus Skeletal Lymph Elimination	Finances Work Family Trust Security	Fear Self-Preservation Anger Aggression

O sistema chakra se correlaciona com o espectro de luz, bem como o Nobre Caminho oito vezes, apresentado no capítulo Mentalismo. Cada conjunto assiste revelaring o significado do outro e manifesta o potencial do indivíduo. Os princípios de Thoth se correlacionam com o sistema chakra, bem como com Tenet Eight, paciência de cuidado correspondente com nosso corpo de aura e nosso corpo físico. Os princípios de Thoth se correlacionam com o sistema de camadas de chakra.

Mentalismo

Correspondência

Vibração

Polaridade

Rythm

Causa e Efeito

Gênero

Atiência P carinhosa

Som e música como é geralmente construído funciona através de sistema de sete notas de oitavas. Oitava sendo etimologicamente enraizada na palavra para oito. A oitava namaponta para o processo cíclico das teclas, mas também, alternativamente, talvez sugira que oito em si é a chave. ,

A integração de cada cor individual em uma combinação aparece como um arco-íris na natureza. Nas tradições orientais de auto-desenvolvimento aqueles quecompletaram o grande trabalho são conhecidos por atingir o corpo arco-íris, ou corpo de diamante. Na tradição egípcia e alquímica, traditions os praticantes eram conhecidos por alcançar a cauda do pavão. Os Yogis retratam o fluxo no sistema chakra. O sistema chakra é frequentemente concebido como centros de energia pertencentes ao nosso corpo, mas não fisicamente dentro, masmanifestando fisicamente como ser saudável ou inquietação relacionada a certos bloqueios em nossos corpos e isso é maneira justa o suficiente para conceber o sistema chakra.. Além disso, umamaneira de perceber o chakra system é como camadas de compreensão mental, emocional, psicológica, espiritual e física.s.

O sistema chakra ilustra que quanto mais sensibilizarmos para a integração, mais estamos cientes da totalidade do espectro de percepção, se você quiser. A colorização do sistema chakra com representação específica auxilia na compreensão e assistência à ascensão e ao auto-desenvolvimento por si só.

Com as sete camadas de chakra figurativamente combinadas e em camadas juntas em um oitavo encapsulamento, o chakra verde criativo do coração é o núcleo, chakra central. Imagine a ascensão horas extras e em qualquer situação como ilustrado aqui. Pode-se responder de uma maneira ascendente onde não há apenas unidade como um arco-íris, mas clareza como um arco-íris. Ou também pode-se reagir de uma forma em correspondência com onde quer que haja um bloqueio em um chakra, ou bloqueio em uma modalidade de pensar e ser. Em simples unidade e clareza não há uma reação negativa, apenas quando as coisas são complicadas por bloqueios.

Não é segredo que muitos ensinamentos herméticos foram culturalmente diluídos, obscurecidos e completamente invertidos. Os valores da consciência coletiva do mundo foram invertidos, por exemplo, para onde destruiremos elementos inestimáveis a fim de obter algo que, ainda que temporariamente, abrirá o bloqueio causacional, por assim dizer.

"Assuntos de grande preocupação devem ser tratados de ânimo leve. Assuntos de pequena preocupação devem ser tratados seriamente. " ~Hagakure, O Livro *do Samurai*

Compare o sistema de camadas de chakra e o centro cardíaco com a bandeira LGBT. A bandeira LGBT tem seis cores para que o chakra do coração não seja centrado, e na verdade, a esse respeito, não há centro. A bandeira LGBT também é uma inversão exata da camada de chakra. E como tantos símbolosdo mundo, a inversão ilustra o íon complicadoion da psique individual e coletiva. Isso não é para criticar a comunidade LGBT, mas mais especificamente o estado mental por trás do muito heterossexual Donald Trump, por exemplo, quando ele disse: "Quando você é uma estrela, eles fazem isso. Vocêpode fazer qualquer coisa. Agarrá-los pela (virilha). "

Por favor, desculpe a referência à vulgaridade presidencial, mas exibe o que é uma modalidade puramente heterossexual,embora tóxica, simbolizada pela inversão da Bandeira LGBT do sistema chakra,onde gênero ou chakra raiz está em cima, ou primário. O básico está no topo e o refinado está abaixo. Essa inversão ou perversão do conceito simbólico é uma complicação do que é simples e natural.

Assim como às vezes trazer clareza para apenas um aspecto pode se mover através dos bloqueios do sistema àsvezes se simplesmente adicionar paciência ao abordar um indivíduo ou situação que podemos fazer para clareza e uma resposta em vez de uma reação. Além de cuidar das situações é transformador para encontrar o curso mais natural, mais alinhado com a opção deTao. Basta adicionar paciência de cuidado para proporcionar mais clareza e compreensão..

"Simplicidade, paciência, compaixão.

Estes três são seus maiores tesouros.

Simples em ações e pensamentos, você volta à fonte do ser.

Paciente com amigos e inimigos,

você concorda com a maneira como as coisas são.

Compassivo consigo mesmo,

você concilia todos os seres do mundo.

~Lao Tzu *Tao Te Ching*

"Em busca de conhecimento, todos os dias algo é adicionado.

Na prática do Tao, todos os dias algo é descartado.

Cada vez menos você precisa forçar as coisas, até que finalmente você chegue a não-ação.

Quando nada é feito, nada é deixado desfeito.

O verdadeiro domínio pode ser ganho deixando as coisas seguirem seu próprio caminho.

Não pode ser ganho interferindo. "

~Lao Tzu *Tao Te Ching*

Prática

Andando

Uma maneira maravilhosa de aprender paciênciapara trazê-lo para sua vida é aprender Taiji. Aprender Taiji requer praticar Taiji, o que requer o desenvolvimento de inúmeras qualidades, ou seja, paciência, ou talvez requer qualidades que todas elas dependem dependent on de alguma quantidade de paciência. Aprender Taiji requer paciência e permite isso. Assim como praticar a Posição do Cavalo permite a prática da Posição do Cavalo, praticando paciência para aprender Taiji crescer a paciência carinhosa.

"Aluno diz ao professor que ainda dói estar em Horse Stance. O professor diz-lhe para praticar mais Posição de Cavalo." ~Taiji Anecdote

Traga consciência suave e cuidado em suas interações no dia a dia. Tomar compreensão consciente em nossas ações e nossas trocas é um paradigma. Tome nota de como você se move e como você se sente quando você se move durante sua rotina normal, especialmente incorporar seu Taiji em sua caminhada. Tome nota onde há qualquer salto ou tensão como você faz isso e suavizar-lo. Seja macio, suave, firme e lento à medida que despeje seu peso de um lado para o outro.

Btoqueing a consciência em seus movimentos para que os saltos sejam suavizadas ou evitadas, tornando o processo menor ou mais suave melhora nosso bem-estar geral. Experiencing movendo-se sem tensão pode tornar situações mais suaves além de apenas andar. Remova a tensão em seu corpo ou a tensão em seu pensamento incorporando o contraste da tensão -atenção. Trazer atenção consciente ao seu sistema de movimento ou pensamento limpa a tensão. Andar conscientemente suavemente e trazer este mesmo modo para o que mais você faz, ao fazer o que pode ser difícil para você.

"Você quer melhorar o mundo?

Acho que não pode ser feito.

O mundo é sagrado.

Não pode ser melhorado.

Se você mexer com ele, você vai arruiná-lo.

Se você tratá-lo como um objeto, você vai perdê-lo. "

LaoTzu, *Tao Te Ching*

Às vezes, os instintos de sobrevivência do chakra raiz chutados para a institucionalized medo impulsionado overdrive poderia inclinar as pessoas a tomar todos os tipos de ações brutas, desnecessárias e ruinosas. Conter-nos requer muita paciência. Um dos modos de imaginação na prática de Taiji é enfrentar seu pior inimigo em shadowboxing como termos. Seu pior inimigo é sua altura e peso, e fica como você com as mesmas habilidades e na verdade se parece com você. A paciência de cuidado nos permite conter nosso pior inimigo.

Taiji é baseado em refinamentos da forma mais simples e fluem de maneiras que às vezes são contra-intuitivas e contra-expectativas. Isso faz com que as coisas pareçam complicadas, mas é apenas um refinamento da simplicidade. Um dos conceitos mais importantes de Taiji e talvez uma das ideias mais distintas do taoísmo que por acaso é um dos elementos mais carentes nos costumes mundos é Wu Wei.

Wu Wei é a ideia de que o meio mais simples é o mais eficaz. Além disso, Wu Wei coloca a ideia de que na simplicidade é graça, elegância e eficácia. Quanto mais complicadas as coisas se desenvolvem, mais beleza natural é dificultada. Quanto menos complicados são os resultados menos complexos se manifestam. Wu Wei mantém a natureza e procura trabalhar em alinhamento com elementos naturais e energias em vez de mudar as circunstâncias para contornar a gravidade e os elementos, se preferir.

Com Wu Wei não forçamos uma situação que permitimos. Com Wu Wei não tentamos resolver o problema que permitimos que a solução ideal e óbvia se apresente. Wu Wei é umasimplicidade graciosa. Wu Wei aplicado a relacionamentos é simples ao invés de vigoroso e apenas é ao invés de apenas será. Wu Wei não precisa de prédio e nem limpeza. Wu Wei é integrativo ao invés de insinuante, assim como Taiji e Os Princípios de Thoth. Wu Wei é sustentável e apropriado, em vez de insustentável e sem sentido. Wu Wei também é a energia que o estilo exala nas artes atléticas, na que em potencial de esforço é a máxima graciosidade. Estilo e sensibilidade muitas vezes resultam da simplicidade no refinamento em vez de complexidade novamente.

A energia graciosa de Wu Wei requer paciência. Aprender algo que não tem fim para a profundidade de seu ensino requer paciência carinhosa. Realizar o trabalho interno, além de trabalhar com os outros, requer paciência. A ideia taiji de cantada é gerada através da prática taiji. Sung é essencialmente atento, relaxamento generativo em uma modalidade mais adequada para a relação individual com a situação. Por isso reason é dito entre os praticantes de Taiji que he quem tem maiscantado, o mais Wu Wei estruturado relaxamento atento, ganha.

Ao andar mantenha a postura vertical e atenta e os joelhos desbloqueados com os braços se movendo com o centro e tudo se movendo paraor, naturalmente. Tente observar o que é natural e tente melhorar o fluxo natural. Observe quanta atenção pode ser aplicada para sentir seus movimentos e refiná-los e, ao mesmo tempo, observar seu entorno, o chão, a flora e a fauna, as pessoas, as árvores ou o que quer que esteja ao seu redor, e o quenão é, o positivo e o negativo. Preste atenção ao valor de prestar atenção aos seus passos e aos nossos passos.

Cada um ensina um.

Não procure um bom professor. Procure ser um bom aluno e você pode aprender com qualquer um.

"O melhor e mais curto caminho para o conhecimento da verdade é nature. "
~Provérbio egípcio

Tramontana

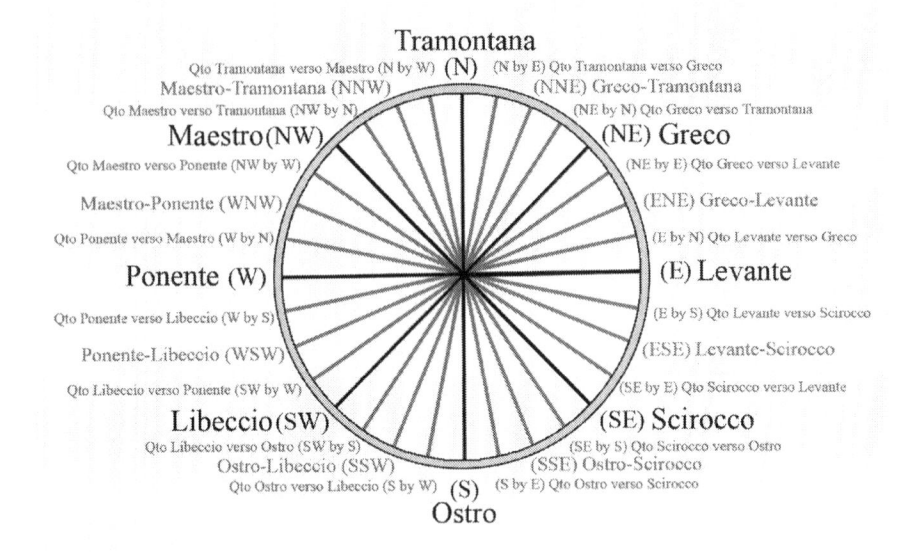

(N)

- Qto Tramontana verso Maestro (N by W)
- Maestro-Tramontana (NNW)
- Qto Maestro verso Tramontana (NW by N)
- **Maestro (NW)**
- Qto Maestro verso Ponente (NW by W)
- Maestro-Ponente (WNW)
- Qto Ponente verso Maestro (W by N)
- **Ponente (W)**
- Qto Ponente verso Libeccio (W by S)
- Ponente-Libeccio (WSW)
- Qto Libeccio verso Ponente (SW by W)
- **Libeccio (SW)**
- Qto Libeccio verso Ostro (SW by S)
- Ostro-Libeccio (SSW)
- Qto Ostro verso Libeccio (S by W)

(S) **Ostro**

- (N by E) Qto Tramontana verso Greco
- (NNE) Greco-Tramontana
- (NE by N) Qto Greco verso Tramontana
- **(NE) Greco**
- (NE by E) Qto Greco verso Levante
- (ENE) Greco-Levante
- (E by N) Qto Levante verso Greco
- **(E) Levante**
- (E by S) Qto Levante verso Scirocco
- (ESE) Levante-Scirocco
- (SE by E) Qto Scirocco verso Levante
- **(SE) Scirocco**
- (SE by S) Qto Scirocco verso Ostro
- (SSE) Ostro-Scirocco
- (S by E) Qto Ostro verso Scirocco

32 pontos de bússola rosa de ventos

"Se você construir algo sólido, não trabalhe com vento: procure sempre um ponto fixo, algo que você sabe que é estável...... si mesmo." ~provérbio egípcio

Por favor, deixe uma revisão sobre amazon.com. Comentários e recomendações fazem toda a diferença para um autor independente. Obrigado.

Ethan Indigo pode ser encontrado nas plataformas habituais de mídia social.

Para mais sobre Tai Chi Chuan leia *The Tai Chi Pill*.

Ethan Indigtambém foi autor de A Geometria da Energia depois de escrever A Matrix of *Four*. *A Geometria da* Energia, então, inspirou-o a escrever *Geometria e Meditação para a Juventude*.

Ethan também escreveu *108 Passos para Estar Na Zona*, O Pequeno Livro Verde *da Revolução, A Metafísica do Monoteísmo e* O Guia Patriota Completo para *o Coletivismo Oligárquico*.

Printed in Great Britain
by Amazon